ジェンダー平等の実現めざして

浅倉むつ子・戒能民江・田村智子　著
政治革新めざすオール早稲田の会　編集

学習の友社

もくじ

写真提供：ＫＥＮ

開会のあいさつ

政治革新めざすオール早稲田の会　色部　祐

みなさん、こんにちは。お忙しい中、お集まりいただき、ありがとうございます。

また、三人のパネリストの先生、今日はご参加いただき、ありがとうございます。

ご存じのように、新型コロナウイルスが大きな問題になっておりまして、私たちも、今日のシンポジウムを開催するかどうか、たいへん悩みましたが、御三方が一堂に会するということはめったにないことなので、なんとか開催しようと方向を手探りし続けました。

不十分ながら、いくつかの手立て――マスク・消毒液の準備、窓の開放など――を、とりましたので、よろしくお願いいたします。

さて、主催者の「政治革新めざすオール早稲田の会」というのは、いったいどのような団体かとお思いの方もいらっしゃるかと思います。一九六〇年代以降に早稲田大学に在学して、平和と民主主義、あるいは学園の民主化に向けて、青春の血を燃やした人たち、そういう人たちがつくった会です。現在、会員は現役の学生を含めて数百人いますが、とても緩やかな会で、出入り自由です。

会では、これまで、いろいろなとりくみをしてきましたが、今日は、大きな問題になっているジェンダー平等を焦点にして、広くお集まりいただきたいと、声をかけさせていただきました。

三人のパネリストの先生は、いずれも早稲田関係者で、快く引き受けていただきました。

さて、今日、ご参加のみなさまは「ジェンダー」の概念については先刻ご承知のことと思いますが、ここでは「社会的・文化的・歴史的に育まれた性差」としたいと思います。そして日本はジェンダーギャップ指数が、一五三か国中一二一位とひどい状況です。

何が、そういうひどい事態を歴史的に形成してきたのか、現在は何が問題なのか、そして今後どうしたらいいのか。貧困や格差、生きづらさとジェンダー問題がどうかかわっているのか。また私は、ジェンダー問題にとりくむことは、自己変革の過程でもあると思っていますが、こういった問題をみなさんと一緒に大いに語り合い、解明していきたいと考え、こういう場をつくらせていただきました。みなさん、よろしくお願いいたします。

以上をもちまして、主催者を代表してのごあいさつとさせていただきます。

（いろべ・ゆう）

本書は、二〇二〇年二月二二日に開催された、政治革新めざすオール早稲田の会主催のシンポジウム「ジェンダー平等の実現めざして」での報告と討論をもとに、加筆・整理したものです。

労働分野からジェンダー平等を考える

浅倉　むつ子

あさくら・むつこ　早稲田大学名誉教授。専門は労働法、ジェンダー法。東京都立大学大学院博士課程満期退学。法学博士（早稲田大学）。日本労働法学会代表理事、ジェンダー法学会理事長などを歴任。女性差別撤廃条約実現アクション共同代表。『労働とジェンダーの法律学』『雇用差別禁止法制の展望』など著書、編著書多数。

みなさん、こんにちは。浅倉むつ子と申します。私は早稲田大学の出身者ではありませんが、二〇〇四年に東京都立大学から早稲田大学に移り、二〇一九年三月まで、一五年間、早稲田大学法学部やロースクールで、ジェンダー法や労働法を教えてきました。今日は「労働の分野からジェンダー平等を考える」というテーマでお話ししたいと思います。

1　男女間の賃金格差

まず、男女の賃金格差を見ていきましょう。労働分野の男女格差は、賃金格差にもっとも顕著に現れます。

◆フルタイムで働く男女の賃金格差

男女の賃金格差はきわめて大きく、以前から問題になってきました。フルタイムで働く男女の賃金比較では、男性を一〇〇としたとき女性は七四・三です（二〇一九年）（厚生労働省「令和元年賃金構造基本統計調査概況」二〇二〇年三月三一日発表）。二〇〇〇年には六五・五でした。徐々に女性の賃金も上昇してきているものの、約二〇年の間にわずか八・八ポイントしか上がっていません。男女間の格差は二五・七になります。二〇を超える男女間賃金格差は、世界の中でも大きいほうです。

【図表1】は国際比較です。ＯＥＣＤ（経済協力開発機構）加盟三七か国の中で一番格差が大きいのは韓国、二位がエストニア、そして三位が日本です。

他の先進国の格差は一〇％台半ばが多いので、二〇一九年に二五・七の日本は、非常に大きな格差を抱えている国ということになります。

【図表1】OECD諸国の男女賃金格差ワースト12

1位	韓国（34.6）	7位	アメリカ（18.2）
2位	エストニア（28.3）	8位	カナダ（18.2）
3位	日本（25.7）	9位	イギリス（16.8）
4位	チリ（21.1）	10位	フィンランド（16.5）
5位	ラトビア（21.1）	11位	メキシコ（16.5）
6位	イスラエル（19.3）	12位	オーストリア（15.7）

＊（　）内は格差 ＊ 2018年8月23日現在の数字
資料出所：https://www.businessinsider.jp/post-173684
※日本については、厚生労働省「令和元年賃金構造基本統計調査概況」の数値（2019年）にした。

◆非正規雇用を含む給与所得者の賃金格差

前記の二五・七という格差の数値は、厚生労働省「賃金構造基本統計調査」によるものですが、男女間の賃金格差を正確に反映したものとはいえません。なぜなら、第一に、ここでの賃金は、毎年六月分として労働者に支払われた所定内給与額の平均値であり、賞与がカウントされていないからです。第二に、この調査は、短時間労働者（パートタイム労働者）を除く一般労働者の賃金だけが対象だからです。女性労働者に非常に多い非正規雇用の人々が、この調査には含まれていないのです。

近年、男性の非正規雇用労働者も増えましたが（男性の二二・四％が非正規）、女性の場合には半数以上（五六・〇％）が非正規です（総務省『二〇二〇年一月～三月期平均労働力調査』）。非正規労働者の中の女性比率は六八・六％ですし、とくに短時間労働者であるパート・アルバイトでは、その八割近くが女性です。男女の賃金格差を算出するには、これら短時間労働者の賃金格差も反映した数値でなければなりません。

【図表2】性別賃金の推移とイコール・ペイ・デイ(EPD)

EPD ＊は閏年	調査年(前年)	男女計 賃金(千円)	男性 賃金A(千円)	女性 賃金B(千円)	賃金格差(%) 女性賃金/男性賃金	格差分の日数C (男性の年収/女性の日収−365日)
男性　12月31日						
2020年　5月6日*	2019年	307.7	338.0	251.0	74.26	126.51日
2019年　5月13日	2018年	306.2	337.6	247.5	73.31	132.87日
2018年　5月13日	2017年	304.3	335.5	246.1	73.35	132.59日
2017年　5月16日	2016年	304.0	335.2	244.6	72.97	135.20日
2015年　5月21日	2014年	299.6	329.6	238.0	72.21	140.48日
2010年　6月8日	2009年	294.5	326.8	228.0	69.77	158.17日
2005年　6月25日	2004年	301.6	333.9	225.6	67.57	175.22日
2000年　7月19日*	1999年	300.6	336.7	217.5	64.60	200.04日
1990年　8月29日	1989年	241.8	276.1	166.3	60.23	240.99日

厚生労働省「賃金構造基本統計調査」の「所定内給与額の推移」から、一般労働者(常用労働者のうち短時間労働者を除いたもの)のデータを使用。
資料出所：日本BPW連合会ホームページより

そこで、もう一つの資料として、国税庁の「民間給与実態統計調査報告」(平成三〇年〔二〇一八年〕)を見てみます。一年を通じて勤務した給与所得者の給与総額は、男性は五四五万円、女性は二九三・一万円ですから、男性を一〇〇とすれば女性は五三・八になります。女性は男性の半分ほどの収入でしかありません。

このように非正規雇用労働者を含め、また賞与を入れてカウントすれば、日本では、女性は男性のほぼ二分の一しか稼げていないということがわかります。

◆イコール・ペイ・デイ

みなさんはイコール・ペイ・デイ(EPD)をご存じでしょうか?

これは、男性が一年間で得る賃金を女性が働いて得ようとしたら、一年を超えて何日働かなければいけないかを調べて、同額になる日のことです。働く女性の国際ネットワーク、ＢＰＷ（ビジネス・アンド・プロフェッショナル・ウィメンズクラブズ）が二〇〇八年にドイツではじめたもので、男女の賃金格差を見える化する指標になっています。

二〇二〇年の日本のＥＰＤは五月六日でした【図表２】。ドイツは三月一六日、オーストリアは二月二五日、スイスは二月二二日です。これらから日本の賃金格差の大きさが浮かび上がります。日本のＥＰＤは、毎年、日本ＢＰＷ連合会ホームページで発表されています。

2　大きな男女間賃金格差の原因はどこにあるのか

それでは、男女の賃金にこれほど大きな格差がある原因は、いったいどこにあるのでしょうか。

(1) 男女の「継続勤務年数」と「職階」の差が問題

原因は大きくいって二つだと指摘されています。一つは男性に比べて女性の勤続年数が短いこと、もう一つは、男女の職階が違うこと、つまり女性が管理職に昇進できないことです。

【図表３】における賃金格差の数字は、二〇一一（平成二三）年当時のものですが、この年には、男性一〇〇に対して女性賃金は七〇・六でした。

【図表3】男女間の賃金格差の要因（単純分析）

要因	男女間賃金格差		男女間格差縮小の程度
	調整前（原数値）(1)	調整後 (2)	(2) − (1)
勤続年数	70.6	75.8	5.2
職階	73.0	82.3	9.3
年齢	70.6	71.8	1.2
学歴		71.3	0.7
労働時間		71.9	1.3
企業規模		71.3	0.7
産業		67.5	−3.1

（備考）1. 資料出所：厚生労働省「平成23年版　働く女性の実情」（平成24年7月）。
2. 厚生労働省『賃金構造基本統計調査』（平成23年）結果を用いて算出。
3. 「調整前（原数値）」は男性100に対する、実際の女性の賃金水準。
4. 「調整後」は女性の各要因の労働者構成が男性と同じと仮定した場合の賃金水準。
5. 「職階」による調査結果については、調整の都合上、一部のデータを除外しているので他の要因による調整結果と比較する際に注意が必要。

資料出所：内閣府男女共同参画局『平成25年版　男女共同参画白書』より

この図表の左端の欄は、男女賃金格差の要因です。上から、勤続年数、職階、年齢、学歴、その他の要因などが示されています。一番上の勤続年数を見ると、「調整前」は、男性一〇〇とした場合の女性の賃金のことで、先に述べたように七〇・六になっています。上から二番目の「職階」には七三・〇という数字が入っていますが、「備考」にあるように、これは一部のデータを除外しているためです。

この図表で重要なのは、「調整後」という欄で、「勤続年数」では七五・八になっています。これは、もし女性の勤続年数が男性と同じと仮定した場合には、女性賃金は七五・八になるということを意味します。その右の五・二とは、もし勤続年数に男女差がないとすれば、男女の賃金格差は五・二だけ縮小する、ということを示すものです。

表の一番右欄を見ると、「勤続年数」が五・二、「職階」が九・三ですから、これら二つの要因が男女同一であるとすれば、男女の賃金格差はあわせて一四・五ポイント縮小することになります。そうすれば、そもそも二九・四である男女格差は一四・九になり、他国と遜色のない数字、すなわち一〇％台の格差になるというわけです。

これは、私も参加した厚生労働省の雇用均等・児童家庭局長の私的研究会（「男女間の賃金格差問題に関する研究会」）が二〇〇二年一一月に出した「報告書」が指摘したことです。同報告を受けて、二〇〇三年四月には「男女間の賃金格差解消のための賃金管理及び雇用管理改善方策に係るガイドライン」が公表されました。ガイドラインは、労使が自主的にとりくむための賃金管理の方策として、公正・透明な賃金制度の整備や、あいまいなことが多い賃金の決定基準を明確にすること、また配偶者が専業主婦である男性社員に支給されることになりやすい「配偶者手当」の廃止や、ポジティブアクションの推進などを盛り込んでいます。しかしガイドラインには強制力があるわけではなく、賃金格差をもたらしている大きな二つの要因を是正させるに至っていません。

（2）なぜ、女性の継続勤務年数は短いのか

男女に勤続年数と職階の差があるというだけでは、ジェンダー平等を実現するにはどうしたらよいのかということへの答えにはなりません。第一に、なぜ日本では女性の勤続年数が短いのか。それを問わなければなりません。

この理由は、かなりはっきりしています。第一子の出産を契機に退職する女性が約五割もいるからです。出産が女性の職業継続にとって大きな壁になっているのです。

【図表4】　第一子出産前後の妻の就業経歴

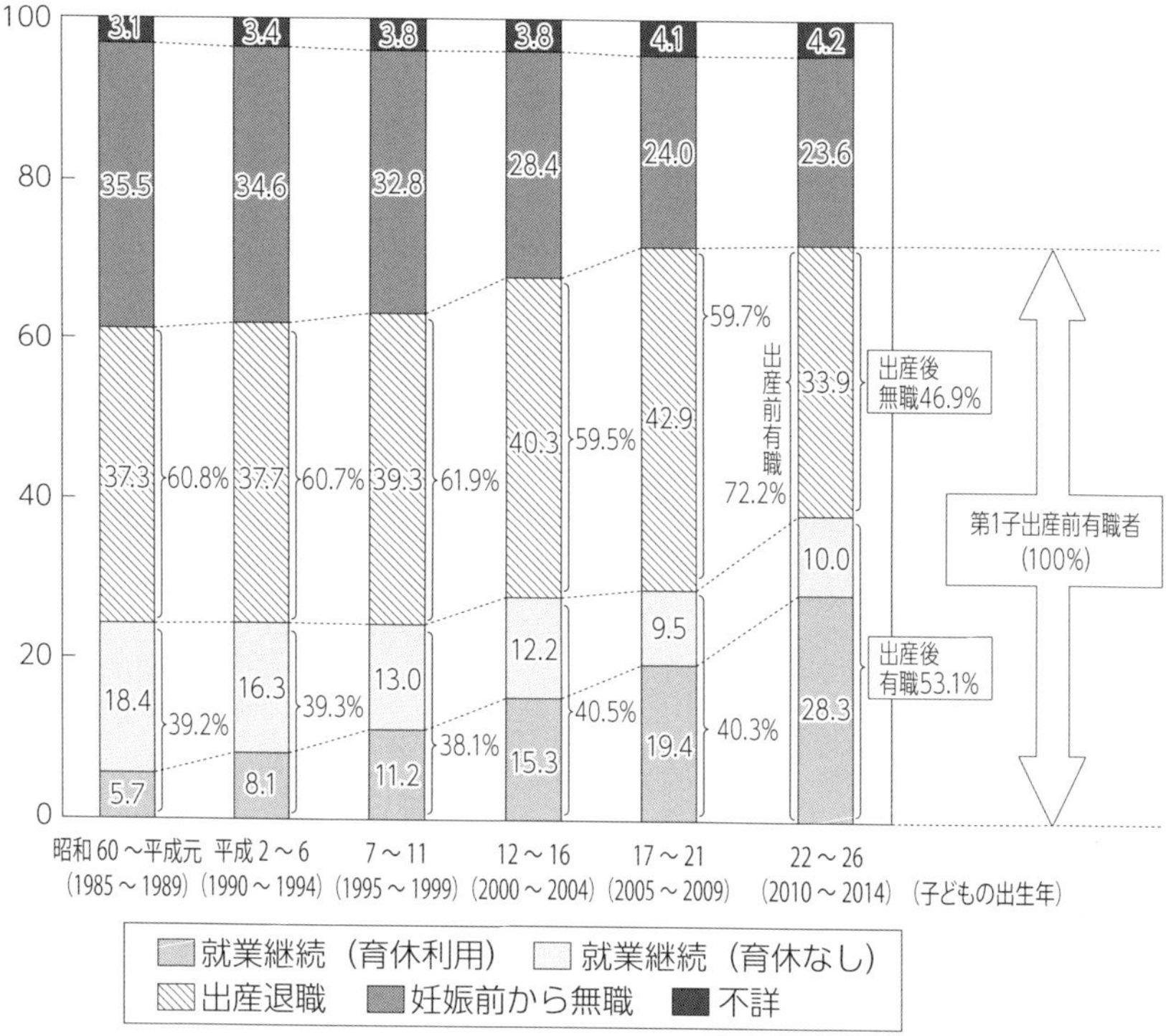

（備考）1. 国立社会保障・人口問題研究所「第15回出生動向基本調査（夫婦調査）」より作成。
2. 第1子が1歳以上15歳未満の初婚どうしの夫婦について集計。
3. 出産前後の就業経歴
就業継続（育休利用）—妊娠判明時就業～育児休業取得～子ども1歳時就業
就業継続（育休なし）—妊娠判明時就業～育児休業取得なし～子ども1歳時就業
出産退職　　　　　　—妊娠判明時就業～子ども1歳時無職
妊娠前から無職　　　—妊娠判明時無職

資料出所：内閣府男女共同参画局『令和元年版　男女共同参画白書』より

【図表４】を見てください。一番右の二〇一〇～一四年でも、出産を契機に女性の多くが退職していることが明らかです。出産前に就業していた人の四六・九％が出産を機に退職しており、出産後も働き続けている人は五三・一％しかいないのです。これでは、女性の継続就業率が低いのは当然です。

なぜ日本でこんなことが起きるのでしょうか。母親が退職

【図表5】　6歳未満の子どもをもつ夫婦の家事育児関連時間（国際比較）

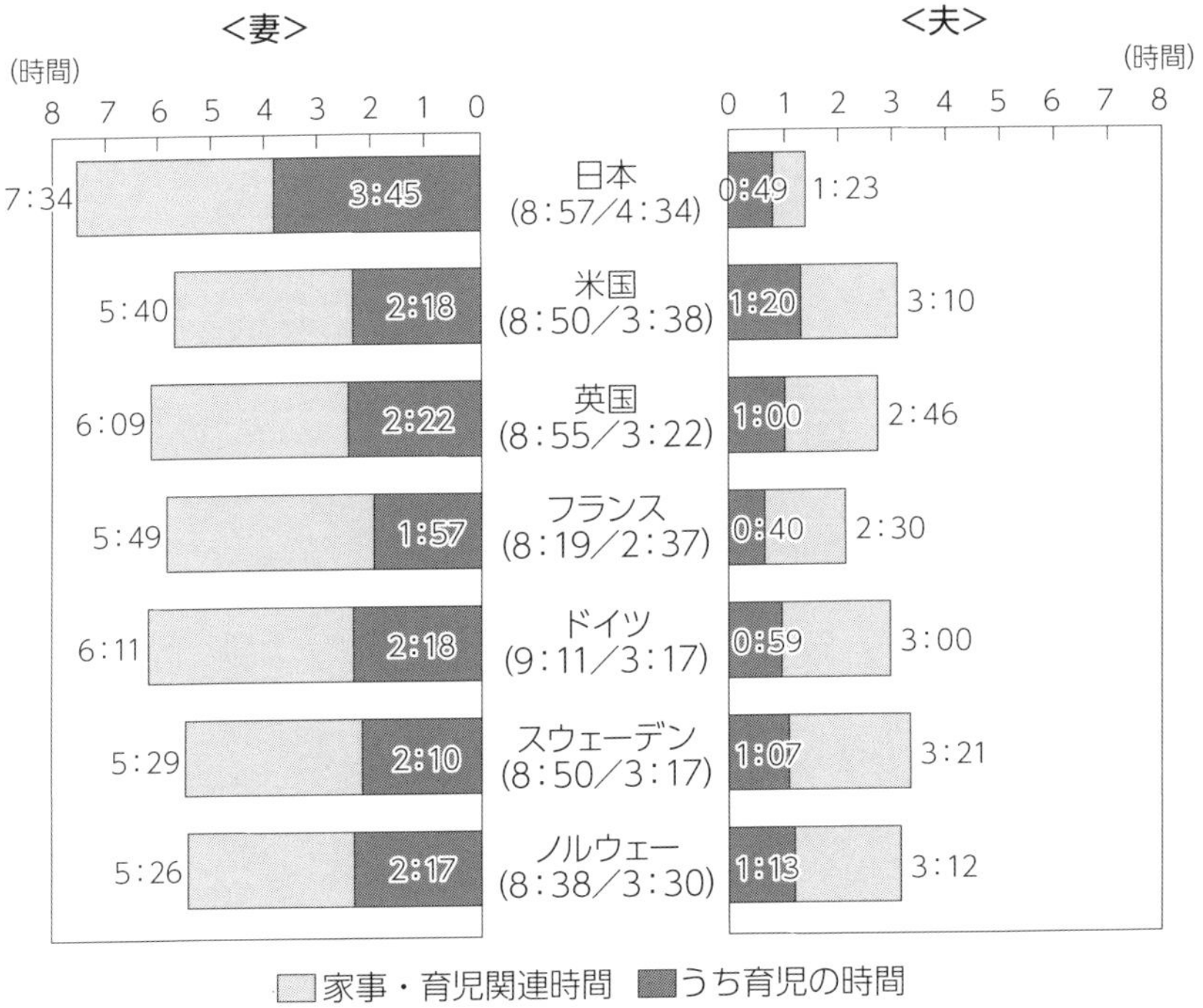

（備考）1. 総務省「社会生活基本調査」（平成28年）Bureau of Labor Statistics of U.S. "American Time Use Survey"（2016）及びEurostat "How Europeans Spend Their Time Everyday Life of Women and Men"（2004）より作成。
2. 日本の値は、「夫婦と子どもの世帯」に限定した夫と妻の1日当たりの「家事」、「介護・看護」、「育児」及び「買い物」の合計時間（週全体平均）。
3. 国名の下に記載している時間は、左側が「家事・育児関連時間」の夫と妻の時間を合わせた時間。右側が「うち育児の時間」の夫と妻の時間を合わせた時間。

資料出所：内閣府男女共同参画局『令和元年版　男女共同参画白書』より

せざるをえないのは育児のためなのですが、じつは、夫・配偶者の家事育児時間の長短が妻の継続就業率を左右していることがわかってきました。

【図表5】は、六歳未満の子どもをもつ夫婦の家事育児関連時間の国際比較です。日本の夫の家事育児時間は、以前は一日六七分でしたが、二〇一六年には少しのびて、八三分になりました。しかし、他の先進国と比べる

【図表6】女性の継続就業と男性の家事・育児参加の関係

【夫の平日の家事・育児時間別にみた妻の就業継続割合】

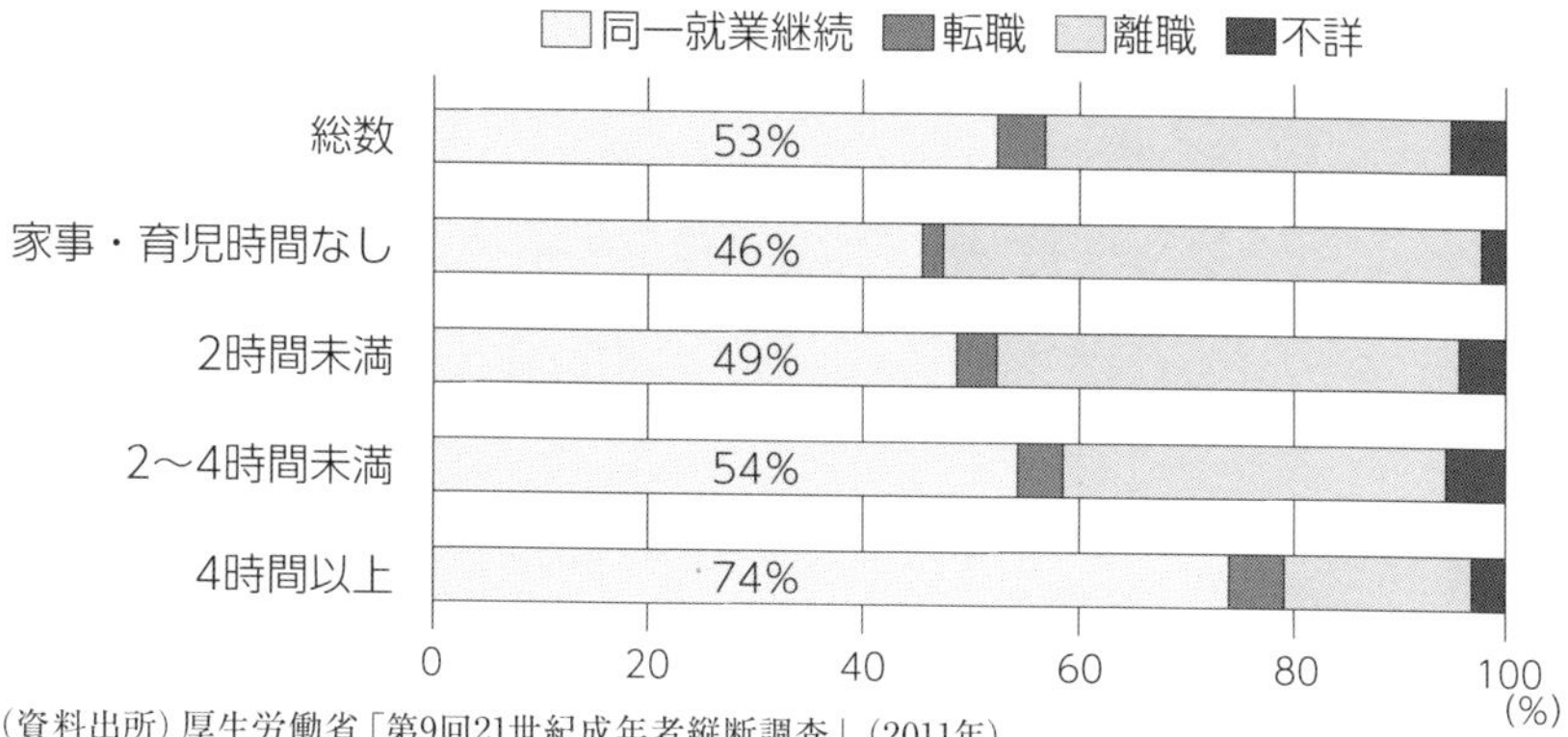

（資料出所）厚生労働省「第9回21世紀成年者縦断調査」（2011年）
注:1）集計対象は、①または②に該当し、かつ③に該当するこの8年間に子どもが生まれた同居夫婦である。
①第1回から第9回まで双方が回答した夫婦。
②第1回に独身で第8回までの間に結婚し、結婚後第9回まで双方が回答した夫婦。
③妻が出産前に仕事ありで、かつ、「女性票」の対象者である。
2）8年間で2人以上出生ありの場合は、末子について計上している。
資料出所：第149回労働政策審議会雇用均等分科会（平成26年9月30日）参考資料より

となお大きな差があります。米国は三時間一〇分、英国は二時間四六分、ドイツは三時間、スウェーデンは三時間二一分、ノルウェーは三時間一二分ですから、ほかの国では、夫はほぼ二時間から三時間を、毎日、家事育児に費やしています。それに比べて、日本の場合には男女の性別役割分業が大きいことがよくわかります。

さらに【図表6】を見てください。これは、夫の家事育児時間が長いほど、第一子出産前後の妻の就業継続割合は高い、という調査結果を示すものです。男性（夫）が四時間以上家事・育児時間を費やしている場合にはその妻の就業継続率は七四％ですが、逆に、夫の家事・育児時間がゼロの夫婦では、妻は四六％しか継続就業ができていません。男性（夫）の働き方が女性（妻）の就業率を左右していることがよくわかります。

（3）なぜ、女性の職階は、男性より低いのか：①コース別雇用の問題

さて、男女の賃金格差のもう一つの原因は、職階の違いです。

【図表7】を見ると、民間企業の役職者に占める女性割合は著しく低く、係長級に一八・三％、課長級に一一・二％、部長級には六・六％の女性しかいません。これでは女性が低賃金であるのも当たり前です。

なぜ女性が役職者になれないのか、なぜこのように男女の職階が違うのか。当然の問いだと思います。これには日本企業の内部システムが関わっています。二つのことを指摘しなければなりません。第一は、日本企業の多くが採用しているコース別雇用の問題です。第二は、女性に対する昇進・昇格差別の問題です。

まずコース別雇用です。一九八五年に男女雇用機会均等法が制定され、翌八六年から施行されました。この法律は「努力義務」規定が多く、限界のある法律だといわれました。しかし、ともあれ、それまで当然のように行われていた女性の採用拒否や男女別賃金は、均等法違反、労働基準法違反として、徐々に解消されていきます。ところが、それらに代わって多くの大企業が採用したシステムが、コース別雇用でした。将来の管理職要員の「総合職」コースと、そうでない「一般職」コースが設けられるようになったのです。

たしかに女性も総合職に応募できるようになったのはプラス効果でしたが、実態を見ると、総合職に採用された女性はごくわずかで、多くの女性は一般職として採用されるという現実は変わりません

【図表7】階級別役職者に占める女性の割合の推移

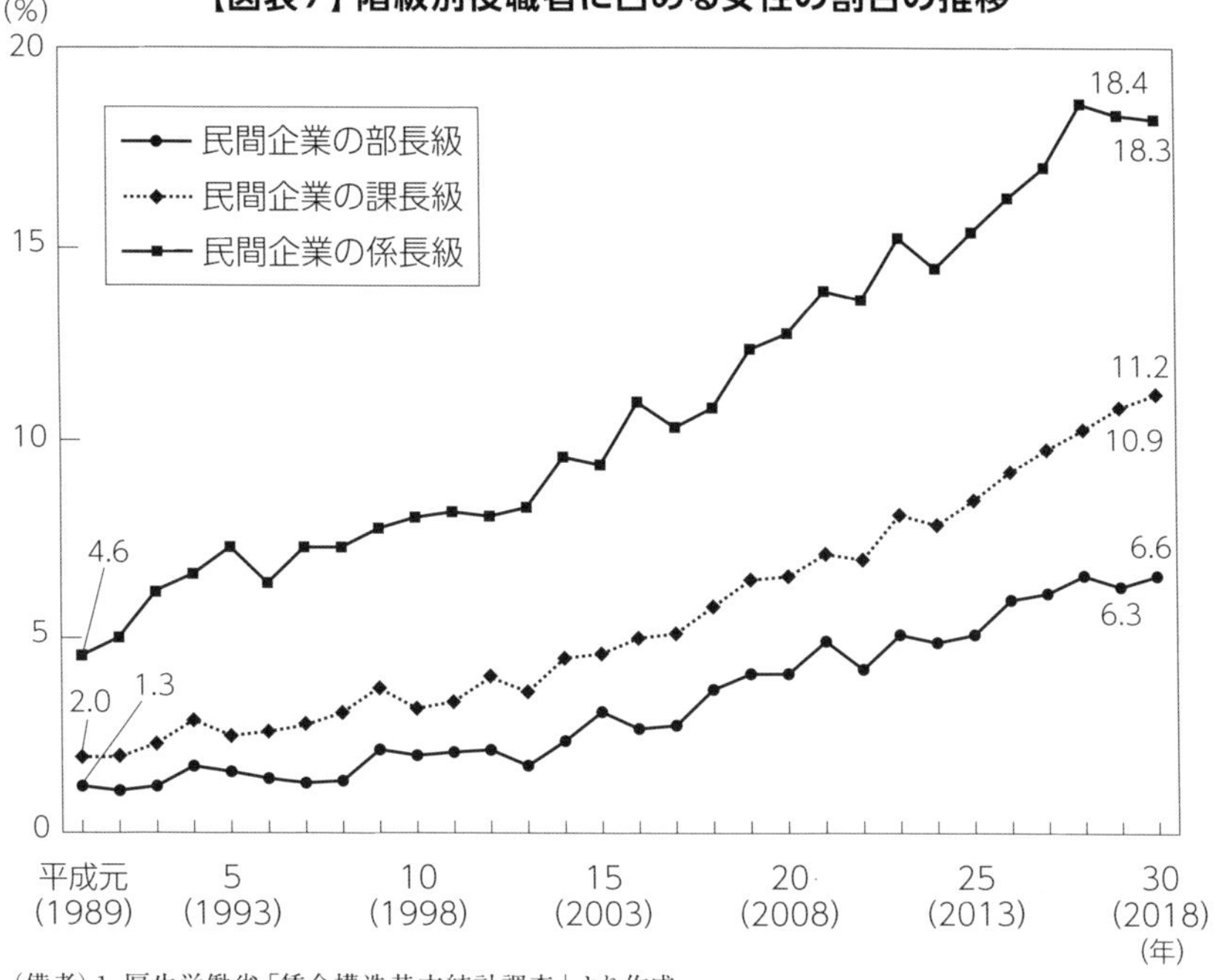

（備考）1. 厚生労働省「賃金構造基本統計調査」より作成。
2. 100人以上の常用労働者を雇用する企業に属する労働者のうち、雇用期間の定めがない者について集計。
3. 常用労働者の定義は、平成29年以前は、「期間を定めずに雇われている労働者」、「1か月を超える期間を定めて雇われている労働者」及び「日々又は1か月以内の期間を定めて雇われている者のうち4月及び5月に雇われた日数がそれぞれ18日以上の労働者」。平成30年は、「期間を定めずに雇われている労働者」及び「1か月以上の期間を定めて雇われている労働者」。
4. 「賃金構造基本統計調査」は、統計法に基づき総務大臣が承認した調査計画と異なる取り扱いをしていたところ、平成31年1月30日の総務省統計委員会において、「十分な情報提供があれば、結果数値はおおむねの妥当性を確認できる可能性は高い」との指摘がなされており、一定の留保がついていることに留意する必要がある。

資料出所：内閣府男女共同参画局『令和元年版　男女共同参画白書』より

でした。

コース別雇用に関しては、その後、ショッキングな実態が明らかになりました。一〇〇社を対象に、一九八六年以降に総合職として採用された女性たちの追跡調査をしたところ、二〇年後には女性総合職の八〇％が退職していたのです（共同通信社による調査。神戸新聞二〇一六年一月二四日付）。

　せっかく総合職になったのに、なぜ大半の女性が退職してしまったのか。この問いかけに女性たちは、以下のように答えています。

「子どもを産むたびに、すごろくのように振り出しに戻った」
「この会社で働くなら男にならないとだめだと言われた」
「男性の三倍以上働かないと同等に評価されなかった」
「実績は同じなのに昇進で男性と差がつく理由を上司に聞くと、養う家族があるからと言われ、やる気をなくした」

これが、総合職女性を取り巻く実態でした。このように「男性並みかそれ以上」の働き方を求められるなかで、総合職女性たちは疲弊して退職していったのです。

（4）なぜ、女性の職階は男性より低いのか：②昇格・昇進の男女差別

もう一つ、昇進・昇格の査定には、上司のジェンダー観が反映されることが多いため、たとえ意図的でないとしても、女性に対しては厳しい査定が多くなり、それが昇格差別に通じることは否定できません。ところが査定差別を裁判で立証することはかなり難しく、大きな壁になっています。具体的な裁判例として、中国電力事件を紹介しましょう。

中国電力は大企業で、一度に一〇〇人以上の新人が採用されることも多くありました。原告女性は、ここで長年働き続けてきましたが、同年齢で入社した同期の男性よりも昇格が遅いため、昇格できな

いのは性差別であると、訴訟を提起しました。しかし、広島地裁でも広島高裁でも敗訴となり、最高裁もまた高裁の判断を受け入れて、上告は不受理となりました（二〇一五年三月一〇日）。

広島高裁判決（二〇一三年七月一八日労働経済判例速報二一八八号三頁）は、同期同学歴の男女の昇格時期には大きな格差があること、その結果、男女間の年収にも大きな差があることを認めましたが、その格差には合理的理由があると判断しました。すなわち、①会社の職能等級制度・人事考課基準は男女別ではなく、評定基準も公表され、評定者には女性もおり、結果は被評定者にフィードバックされている、②男性にも昇格や賃金に差があり、男女は層として明確に分離されていない、③女性は管理職就任を敬遠しがちで、自己都合退職も少なくない、④一九九九（平成一一）年三月まで女性保護法が効力をもっていたからだ、というのです。そして原告については、「業務の結果については高く評価されている一方、協力関係向上力、指導力については問題があると評価されていた」から、昇格の遅れは合理的であり、人事考課は適正で、恣意的な評価ではなかった、と判示したのです。

高裁の判断は誤りが多いのですが、紙幅の関係で詳しく述べることはできません。ただ、裁判所が、男女は「層として明確に分離していない」とした点についてだけ、ここで検討してみましょう。裁判所は、「男女別の取扱いであれば確かに差別といえるが、本件では、男女は明確に分離されてはいない」と考えたわけです。

しかし**【図表8】**を見てください。この図は、原告と同期同学歴で採用され働き続けている一一八人の人たちが、どれだけの賃金をもらっているかを示しています。一番高い賃金の人を左端、低い人を右端に並べており、薄いアミが男性、濃いアミが女性です。一一八人はかなり明確に性別によって分離していることがわかります。賃金の高い人たち上位五四人はすべて男性です。五五人目に女性が

【図表8】　中国電力の男女間賃金格差

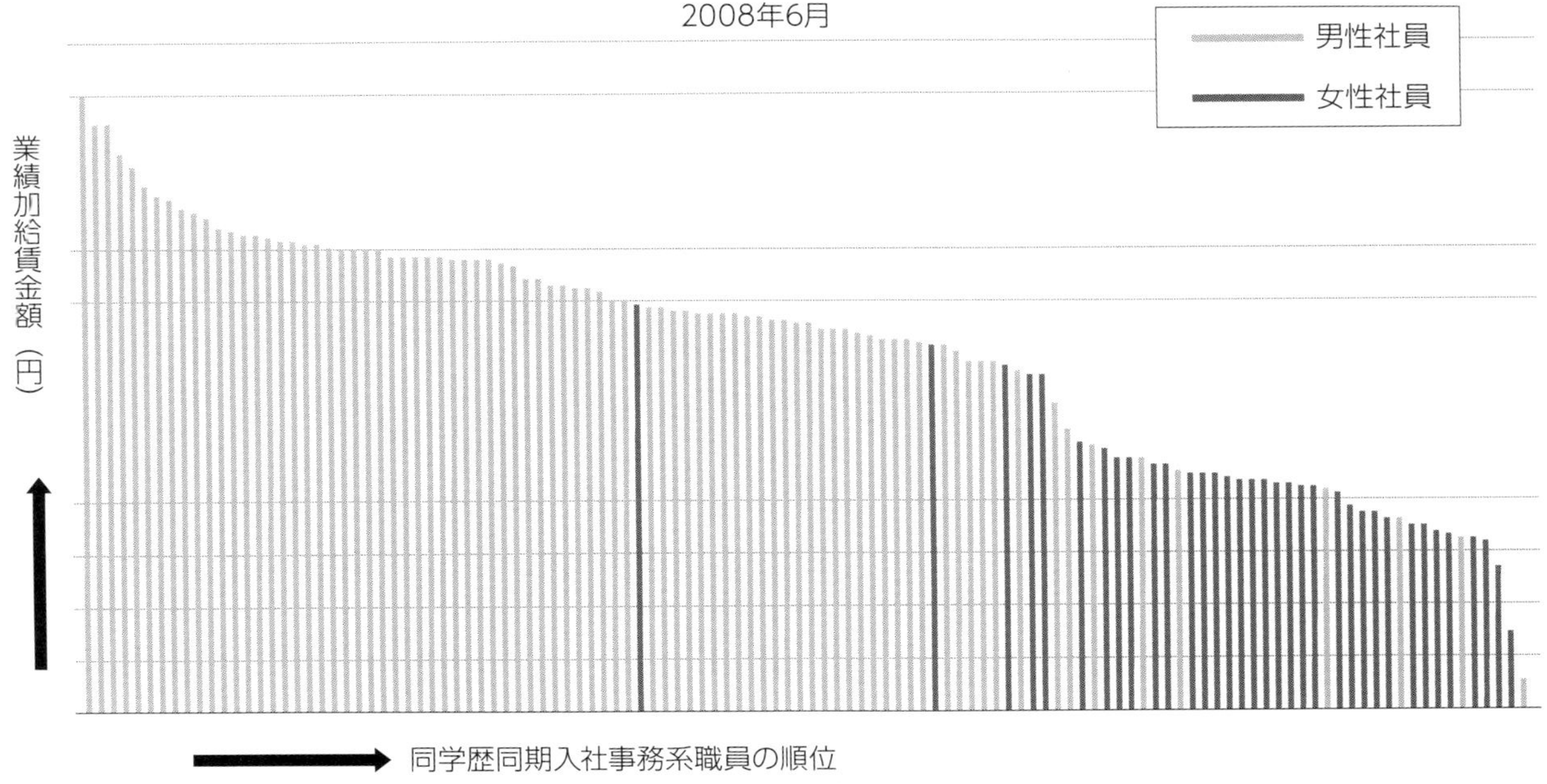

資料出所：中国電力事件広島高裁2013年7月18日判決より

一人いますが、五六人目から七五人目まではすべて男性。七六人目が女性です。そしてそれより下のほう、図の右のほうはほとんど女性であり、間に男性がパラパラといることがわかります。

この図は、裁判において会社側が証拠として提出したものです。裁判所はこれを見て、男女は「層として明確に分離していない」と判断しました。つまり、男性（薄いアミ）の中にも一人女性がいる（濃いアミの五五番目）し、女性（濃いアミ）の中にもぱらぱらと男性（薄いアミ）が混ざっているじゃないか、ということですね。

しかし、このグラフについて、シカゴ大学の統計学の山口一男先生は、もし会社が昇進・昇格について男女を平等に取り扱っていたとしたら、このように観察された男女格差がどれぐらいの確率で生まれえたかを計算すると、「確率は一京分の一のさらに一七七分の一となりました」と報告しています（「シンポジウム　日本の男女間賃金格差を縮小するために」労働法律旬報一八二九号一三頁）。一京というのは一兆の一万倍ですから、そのさらに一七七分の一という確率ということなので、「完全にゼロと言っていい確率」だそうです。逆に言えば、「明確に差別ではないと中国電力側が証明しない限り、これは明らかな差別」だということが、統計学上は証明されたのです。山口先生はこの知見を「意見書」として最高裁に提出しました。

ところが、最高裁は、この意見書をまったく考慮しませんでした。日本の裁判所は、明らかに「女性であることを理由とする差別だ」「男女別の取扱いだ」といえないかぎり、差別であるとは認めないのです。これでは裁判を通じて性差別を解消させることは、非常に難しいといわねばなりません。

賃金格差のほかにも、女性にとっての働きにくさはたくさんあります。たとえば、各種の調査で浮上しているハラスメントの問題をとりあげてみましょう。

女性たちは、就職・採用時にもひどい差別を受けることが多く、二〇一九年五月に行われた日本労働組合総連合会（連合）の調査（「仕事の世界におけるハラスメントに関する実態調査二〇一九」）では、「職場でハラスメントを受けたことがある」人は全体の三八％でした。就活中のハラスメントも多く見られました。

女性労働者に向けられる性暴力や性虐待、からかい、嫌がらせは、いまにはじまったことではなく、女性の職場進出に伴って、各国にも共通して見られる現象です。女性たちは、これらに逆らえば、ヒステリーだと非難され、差別され、解雇されたりするため、上司や同僚の言動にはできるだけ鷹揚な態度を示したり、外見上は平静を装いながら働き続けるしかなかったのです。

日本で、会社にもセクシュアル・ハラスメント防止について雇用管理上の責任があると認める判決が出たのは、一九九二年のことでした（福岡事件・福岡地裁判決一九九二年四月一六日判例タイムズ七八三号）。一九九七年には男女雇用機会均等法が改正されて、セクシュアル・ハラスメントに関する事業主の防止義務が、はじめて規定されました。

それ以来、ハラスメントに関しては、ある程度の法整備が行われてきました。

【図表9】は、現在の法制度です。性的言動であるセクシュアル・ハラスメント（セクハラ）と妊

【図表 9】 日本のハラスメント対策と ILO 条約

	セクハラ	マタハラ	ケアハラ	パワハラ	暴力とハラスメント
法律	男女雇用機会均等法11条1項	男女雇用機会均等法11条の3第1項	育児介護休業法25条1項	労働施策総合推進法30条の2第1項	ILO190号条約
義務	防止措置義務	防止措置義務	防止措置義務	防止措置義務	禁止規定 防止措置義務
責務	国、事業主、労働者の責務規定（11条の2）	国、事業主、労働者の責務規定（11条の4）	国、事業主、労働者の責務規定（25条の2）	国、事業主、労働者の責務規定（30条の3）	国、事業主、労働者の責務規定
定義	職場において行われる性的な言動に対するその雇用する労働者の対応により当該労働者がその労働条件につき不利益を受け、又は当該性的な言動により当該労働者の就業環境が害されること	職場において行われるその雇用する女性労働者に対する当該女性労働者が妊娠したこと、出産したこと、その他の妊娠又は出産に関する事由であって厚生労働省令で定めるものに関する言動により当該女性労働者の就業環境が害されること	職場において行われるその雇用する労働者に対する育児休業、介護休業その他の子の養育又は家族の介護に関する厚生労働省令で定める制度又は措置の利用に関する言動により当該労働者の就業環境が害されること	職場において行われる優越的な関係を背景とした言動であって、業務上必要かつ相当な範囲を超えたものによりその雇用する労働者の就業環境を害すること	仕事の世界における「暴力とハラスメント」とは、単発的か反復的なものであるかを問わず、身体的、精神的、性的又は経済的害悪を与えることを目的とした、またはそのような結果を招くもしくはその可能性のある一定の許容できない行為および慣行またはその脅威をいい、ジェンダーに基づく暴力とハラスメントを含む

資料出所：連合「仕事の世界におけるハラスメント」（2019年3月）を参考に筆者作成

娠・出産に関わるマタニティ・ハラスメント（マタハラ）については均等法が規定し、育児・介護に関わるケア・ハラスメント（ケアハラ）については育児介護休業法が、それぞれ、規定をおいています。二〇一九年には、労働施策総合推進法に、事業主のパワー・ハラスメント（パワハラ）防止の措置義務が規定されました。また、各種のハラスメントについて、国・事業主・労働者の「責務規定」が設けられました。

しかし、日本では、個々のハラスメントが問題になる都度、場当たり的に対策を講じてきました。そのため、異なる法律でさまざまなハラスメントを規定するという複雑な規制方法になっています。ハラスメントは人権侵害ですから、本来は、すべての人々を対象に包括的に禁止される法制が必要です。現状では、そのような禁止規定はなく、事業主に対して一定の措置義務を課している条文があるだけです。二〇一九年に各法の中に設けられた「責務規定」は努力規定にすぎず、ハラスメント禁止規定とはいえません。

二〇一九年六月にできたＩＬＯ第一九〇号条約（暴力とハラスメント撤廃条約）を批准するには、就職活動中の学生やフリーランスの人々も対象に含み、また、幅広く取引先や顧客など第三者に対応することなども含めてハラスメント撤廃を義務づけるような、さらなる法改正が必要です。

3 「働き方改革」で行われたこと

さて、安倍政権は二〇一八年六月に「働き方改革関連法」を成立させました。そのねらいは、アベノミクスにとって隘路《あいろ》となる少子高齢化対策にありました。少子高齢化という構造的な問題にとりくむために、働ける人、とくに女性と高齢者を総動員して、生産性向上を図らなければならないと考えたのです。安倍政権が、女性にも「輝いてほしい、働いてもらわないと困る」と考えて行ったことの一つは、正規／非正規の同一労働同一賃金を実現するための法改正、そして二つには、長時間労働の是正策でした。

この政権の女性政策はきわめて貧困で偏向しており、じつは、そこに矛盾が集中していました。なぜなら、そもそも安倍政権の中枢を支える人たちは、今世紀はじめ、日本全国に吹き荒れた反フェミニズムのバックラッシュ勢力だからです。彼らは幾度も「女性蔑視発言」をくり返していますが、これらはけっして「失言」などではなくむしろ「本音」だと思います。

しかし一方で、女性活躍推進法を制定して「女性が輝く社会」を強調するのも、安倍政権です。私たちは、だからこそ、「働き方改革」の柱である「同一労働同一賃金」と「長時間労働是正策」が明確に機能するのかどうか、厳しく見ておかなければならないと思います。

（1）正規／非正規の「同一労働同一賃金」施策とは？

はじめて非正規労働者の低賃金を違法と判断したのは、丸子警報器事件・長野地裁上田支部一九九六年三月一五日判決（労働判例六九〇号三二頁）でした。それまでは、非正規労働者の低処遇は契約自由の問題だから法は介入しないという考え方が、労働法専門家の間でもまかり通っていました。しかし、この判決から流れが変わり、なんらかの法規制が必要だという考えが強まりました。そこで、二〇〇七年のパートタイム労働法改正によって、「通常の労働者と同視すべき短時間労働者」に対する差別的取扱いが禁止されました。これを「均等待遇規定」といいます。

ところが「通常の労働者と同視すべき短時間労働者（パート労働者）」は、全体の四～五％にすぎません。むしろ、正規／非正規の差異のある労働条件のうち「不合理な相違」を禁止する規定（これを「均衡待遇規定」といいます）のほうが効果的だという発想から、二〇一二年の法改正で、労働契約法二〇条が規定されました。同条は、有期労働者と無期労働者の労働条件が相違する場合には、その相違は「不合理と認められるものであってはならない」と規定しました。パートタイム労働法のように対象を絞り込まずに、幅広く有期労働者に条文を適用したうえで、「不合理性」の判断において、職務や人材活用の仕組みなどを考慮していこうという規定です。

さて、二〇一八年の「働き方改革関連法」は、労働契約法二〇条を「短時間・有期雇用労働法」に移行させました。これが「同一労働同一賃金」規定と呼ばれる条文の中身です。

以前の労働契約法二〇条は、有期／無期労働者の労働条件の内容に相違があるとき、その相違は、

①職務の内容、②その職務の内容及び配置の変更の範囲、③その他の事情を考慮して、不合理と認められるものであってはならない、と規定していました（傍線筆者）。

新たな「短時間・有期雇用労働法」八条は、労働契約法二〇条とほぼ同じ内容ですが、「基本給、賞与その他の待遇の相違のそれぞれについて」…「不合理と認められる相違を設けてはならない」と規定しています。

私は、行われた法改正をまったく否定するつもりはありません。傍線を引いた部分のような改善点が見られるからです。ただ、これで正規／非正規労働者の「同一労働同一賃金」が実現した、とは考えていません。「不合理と認められる相違を設けてはならない」という規定は非常にあいまいで、今後、どこまでが「不合理」とされるかは、あくまでも裁判所の判断にゆだねられているからです。

最高裁は、現在、旧労働契約法二〇条に関する二つの判決を出しています。長澤運輸事件は、定年後に嘱託再雇用されたトラック運転手が、定年前の労働条件と差があるのは不合理だとして争った事案ですが、最高裁は、不合理性の判断は個々の賃金・労働条件ごとに行うとして、精勤手当・超勤手当の差異は不合理であると判断しました（最高裁判決二〇一八年六月一日労働判例一一七九号三四頁）。

ハマキョウレックス事件は、無期契約正社員運転手と同じ業務内容の有期契約労働者についての事案で、不合理性があるとされたのは、通勤手当、無事故手当、給食手当、作業手当、皆勤手当の不支給でした。住宅手当の格差は、不合理性を否定されました（最高裁判決二〇一八年六月一日労働判例一一七九号二〇頁）。

これから先も、裁判によって、正規／非正規の諸手当における差異は徐々に解消されるかもしれません。しかし、たとえば賞与や退職金など、重要な手当については、まだ行方はわかりません。さらに重要なのは、基本給格差です。本来、基本給についても、有期労働者は時間給、無期労働者は月給というかたちで差別的に取り扱うこと自体が不合理なのではないでしょうか。しかし、この点を判断した裁判例はまだありません。

一方、厚労省は、正社員と短時間・有期労働者の「職務内容を点数化し、職務の大きさを評価することにより」、基本給の均等・均衡待遇を客観的に確認する方向性を推奨して、「職務評価を用いた基本給の点検・検討マニュアル」(二〇一九年三月)を出しました。ここにはＩＬＯが推奨する四つの基本的な職務評価項目を使う手法も紹介されていて、参考にはなりますが、他方、「人材活用の仕組みや運用」の違いを反映した「活用係数」の設定が推奨されています。これは疑問です。もし活用係数を一・〇ではなく〇・九に設定すれば、当然の帰結として、正規／非正規の基本給の格差のうち一〇対九以内の相違部分は許容されてしまうからです(浅倉むつ子「安倍政権下の『働き方改革関連法』の批判的分析」経済二九三号七四頁以下)。

(2) 長時間労働の是正策とはどのようなものか

二つ目が長時間労働の是正です。果たして「働き方改革」によって長時間労働の是正はできるのでしょうか。

まず労働基準法の労働時間法制について説明しておきましょう。労働基準法は、一週四〇時間労働制が原則ですが(同法三二条一項)、この「法定労働時間」は、時間外労働を基本的に禁止するものではありません。労使協定（労働基準法三六条に定められる協定なので、三六《サブロク》協定ともいいます）を締結して、労働基準監督署に届け出て、使用者が時間外労働の割増賃金を支払えば（同法三七条一項）、時間外労働が許容されるしくみになっています。

そしてこれまでは、三六協定の時間外労働に上限はありませんでした。「告示」には上限が設けられていましたが、これは法律上の規制ではなく、行政指導にすぎないものです。臨時的な特別な事情がある場合には、上限なしの時間外労働を可能とする「特別条項」もありました。いわば労使協定を通じて長時間労働は許容されてきたのです。

これに対して「働き方改革関連法」では、労基法三六条の時間外労働を、「当該事業場の業務量、時間外労働の動向その他の事情を考慮して通常予見される時間外労働の範囲内において、限度時間を超えない時間に限る」（同法三六条三項）という規定を設けました。その「限度時間」は、一か月について四五時間、一年について三六〇時間と規定されました（同法三六条四項）。これは「規制強化」を意味するもので評価できます。

ところが、「通常予見することのできない業務量の大幅な増加等に伴い臨時的に……限度時間を超えて労働させる必要がある場合」には、一か月について一〇〇時間、一年について七二〇時間までの時間外労働を定めることができる、という規定も設けられました（同法三六条五項）。さらに、時間外労働と休日労働の合計については、一年を通して常に、一か月では一〇〇時間未満、二か月から六か月という複数月を平均した場合には一か月あたり八〇時間以内という基準が設けられました（同法三六条六項二号、三号）。

従来にはなかった上限規制が法律の条文として導入されたことは、たしかに評価できます。しかし、その水準が問題です。臨時的な特別の事情がある場合の限度時間は、じつは、労災補償における過労死認定基準にあわせた上限時間なのです。つまり、この上限時間まで働いていた労働者が死亡した場合には、業務上の過重負荷を受けたことによって発症した脳・心臓疾患として、過労死として扱われるための基準です。

したがって、これは到底、人間らしい働き方という評価に耐えうる基準ではありません。もし、使用者が「法が定めているのだからこの水準までは働かせてもよいのだ」と受けとめてしまうと、せっかくの上限規制はかえって逆効果になります。危険性も伴っているといわねばなりません。

また、「働き方改革関連法」に伴う労働基準法改正は、この他にも問題があります。時間外労働の上限規制の「強化」と引き換えに、「高度プロフェッショナル」制度が創設されたのです（労基法四一条の二）。従来の労働時間法制の適用除外者は、自己の労働の量を自分で決めることが想定されている「管理監督職」の人たちでした。ところが高度プロフェッショナルは、上司の指揮命令を受けて働く人たちなのです。にもかかわらず、一切の労働時間規制から除外されることになります。

もっとも、高度プロフェッショナルに該当するためには条件があります。年収要件（年収一〇七五万円以上）、業務要件（金融商品の開発業務、有価証券取引業務、アナリストの業務、コンサルタントの業務、研究開発業務等）、健康確保措置（休日付与、休息時間の確保、健康管理時間、継続した休日の付与）、労働者の個人的同意、労使委員会の決議など、幾重にもわたる要件を充足しなければなりません。しかし、だからそう簡単には濫用されない、といえるのでしょうか。私は、将来、条件が緩和される危険性もあると考えています。そもそもこの新制度は、「働き方改革」の名に値しない規制緩和にほかなりません。したがって、ここに盛り込まれたこと自体が、批判されなければならないと思います。

4　働き方とジェンダー平等を国際基準にするには

さて、二重・三重に差別解消からは程遠い状況にあるこの日本で、ジェンダー平等をどうやって実現するかという課題について、最後にふれたいと思います。働く女性にとっての問題は、差別を受けたために思いきって裁判を提起しても、裁判所がなかなか労働者を救済する判決を出さない、というところにあります。それは前述した中国電力事件を見ても明白です。一方、目を国際社会に転じてみると、権利保障の国際基準というものが確立しており、私たちをおおいに励ましてくれます。日本の裁判所も国際基準の権利保障を理解したうえで、ぜひとも、判決にその考え方を活かしてほしいものです。

そのときに参考になるのは、国際人権条約です。女性に関しては、一九七九年に国連が採択した「女性差別撤廃条約」があります。幸いにもこの条約を、日本は一九八五年に批准しています。したがって裁判所は、国内法と同じように、この条約を根拠として、差別は条約違反であるという判決を下すことができるはずなのです。

ところが、私たちのこの期待は、これまで裏切られてきました。最後は、この女性差別撤廃条約についてふれたいと思います。

（1）女性差別撤廃委員会からの勧告

女性差別撤廃条約は、私たちの生活に大きな影響を及ぼしてきました。条約は批准したらそれでおしまいというものではなく、批准したことから新たな効果が発揮されていくのです。

条約を批准した国の政府は、女性差別撤廃委員会（ＣＥＤＡＷ）に、四年に一度、定期報告を出す義務があります。ＣＥＤＡＷとは、条約にもとづいてつくられている国連の委員会で、二三人の専門家で構成されています。定期報告はこの委員会によって審査され、その結果、「総括所見」が出されます。ここには、各国政府に対するさまざまな提言や勧告が盛り込まれます。

日本も、これまで五回にわたってＣＥＤＡＷの審査を受けてきました。最新の審査は二〇一六年でした。その結果、出された「総括所見」には、たとえば以下のような項目があります。

・構造的な不平等や賃金のジェンダー格差を撤廃するために、同一価値労働同一賃金原則を実施すること
・男性の育児責任への平等な参加をうながすこと
・セクハラの抑止と制裁を定める法規定をもうけること
・ＩＬＯ一一一号条約（雇用と職業における差別待遇の禁止）、一八九号条約（家事労働者条約）の批准を検討すること
・選択議定書の批准を検討すること

たとえば、この勧告には「セクハラの抑止と制裁を定める法規定をもうける」という項目がありました。そして、先に述べたように、この項目に関わって二〇一九年には法改正が行われました。しかし、その内容は、ＣＥＤＡＷの勧告通りに「抑止と制裁」を定める法規制になったのでしょうか。そうではなかったことは、すでに指摘しました。法改正は、まだ不十分なのです。

このようにＣＥＤＡＷの勧告には重要な指摘が盛り込まれていますから、ここで指摘されたことを一つずつ、国内で実現することをめざしたいものです。

二〇一六年の「総括所見」は、外務省のホームページで読むことができます（外務省はこれを「最終見解」と訳しています）。http://www.gender.go.jp/international/int_kaigi/int_teppai/pdf/CO7-8_j.pdf

（２）女性差別撤廃条約の選択議定書の批准を

女性差別撤廃条約に関してもう一つ指摘しておきたいのは、同条約の選択議定書の批准問題です。これはいま、日本の女性たちにとっての最大の課題だといえるでしょう。

日本の裁判所は、人権条約を批准しても、その条約に「自動執行力がないかぎり、裁判の根拠にはならない」と解釈しています。女性差別撤廃条約も、せっかく批准されたのに、この条約を根拠として権利保障を認めた判決はいまだにありません。こういう状況では、国内裁判所がジェンダー平等を保障する判決を出してくれることは期待できません。どうしたらよいのか。そのカギを握っているのが選択議定書だといってよいでしょう。

国連の人権条約にはそれぞれ、選択議定書がついています。一九七九年に採択された女性差別撤廃条約にも、一九九九年に選択議定書ができました。もし加盟国が選択議定書を批准すれば、国や企業などから権利侵害を受けながらも国内の法制度では救済されなかった人々が、先に述べたＣＥＤＡＷに個人通報することができるのです。個人通報が可能になれば、日本の裁判所も、国際条約の趣旨や精神を尊重し、それらを判決に反映しようとするでしょう。国際基準であるジェンダー平等を無視するような国内の法制度や司法判断を変えるためにも、選択議定書の批准が、早急に必要です。

現在、女性差別撤廃条約を批准している一八九か国のうち、選択議定書を批准している国は一一四か国です。条約を批准しながらも選択議定書を批准しないのは、「法はつくるが守るつもりはない」と公言するようなもので、とうてい筋が通る話ではありません。ＯＥＣＤ加盟三七か国のうち、三〇か国はすでに選択議定書を批准しています。アジアでは、韓国、バングラデシュ、フィリピン、ネパール、モンゴル、東ティモール、スリランカ、タイ、トルコが批准しています。日本が批准できないはずはありません。

ところが日本政府は、長い間、選択議定書の批准は、「我が国の司法制度や立法政策、個人通報制度を受け入れる場合の実施体制に課題がある」から検討中、と言い続けてきました。しかし、その言い訳はもはや通用しないはずです。

二〇二〇年三月一八日と二六日に、日本共産党の井上哲士《さとし》議員が参議院外交防衛委員会でこの点を質問しました。そのやりとりから、私は、日本政府にとっては、批准しない正当な理由を示すことはもはや難しいだろう、と感じました。日本政府は、一時は、批准によって個人通報が殺到することを懸念したようですが、実態を見ればそれは杞憂であることがわかります。女性差別撤廃委員会は、二〇一九年一一月までに、四〇か国一四九件の個人通報を受けつけ、そのうち三一件で条約違反を認定しました。その履行率は七五％で、人権条約の中でも一番高いと言われています。この制度はけっして過剰な負担を国に課すようなものではないことがわかります。

私は、二〇一九年三月に「女性差別撤廃条約実現アクション」をたちあげて共同代表になり（もう一人の共同代表は柚木康子《ゆのき》さん）、選択議定書を一日も早く批准させる活動をしてきました。このアクションの略称は、ＯＰ―ＣＥＤＡＷです。ＯＰというのは選択議定書のこと、ＣＥＤＡＷは女性差別撤廃条約のことです（委員会も条約もＣＥＤＡＷと呼称されます。条約はConvention、委員会はCommitteeの頭文字です）。アクションには五二の女性団体が参加しています。活動の詳細については、以下のサイトをご覧ください。https://www.facebook.com/opcedawjapan/

この一年間に、私たちは、選択議定書の早期批准を求める請願署名、参議院選挙立候補者へのアンケート実施、国会議員や地方議員・外務省・男女共同参画局などとの面談、国に早期批准を求めるよう地方議会に意見書採択の呼びかけ、講演・広報活動などにとりくみました。その成果もあり、二〇一九年から現在までに、全国二〇の地方議会で意見書採択がすすみました。アクションは現在、国会に対する新たな請願署名活動をすすめ、オンライン署名も始めたところです。

日本は、選択議定書の批准を引き延ばしたあげくに、国際基準から大きく後退して、世界経済フォーラムによるジェンダーギャップが一二一位という不名誉な地位になっているのだと思います。もはや「逃げ」は通用しないはずです。女性差別撤廃条約の選択議定書を一刻も早く批准して、日本のジェンダー平等を国際基準に引き上げるため、今後とも力を尽くしたいと思います。

女性に対する暴力をなくす

戒能　民江

かいのう・たみえ　お茶の水女子大学名誉教授。早稲田大学第一法学部卒業、早稲田大学大学院法学研究科博士課程満期退学。お茶の水女子大学理事・副学長、ジェンダー法学会初代理事長など歴任。女性と人権全国ネットワーク共同代表。DV防止法の制定・改正にも携わる。『ドメスティック・バイオレンス』など著書、編著書多数。

みなさん、こんにちは。

私は、当時の早稲田大学第一法学部の出身です。在学中は、学費学館闘争（一九六六年に学費値上げ反対と学生会館の自主管理を求めて、クラスごとに参加して全学ストライキを行った。機動隊が学内に投入され、多くの学生が逮捕された）や法社会学研究会などに関わってきました。また、大学の枠を超えて学生が集まった「学生こつなぎの会」で、こつなぎでの入会《いりあい》権の研究をしていました。「こつなぎ」とは、岩手県北部の小繋という集落のことです。毎年、夏には合宿し、小繋山で植林・下草刈りや村民との交流を行いました。慣れない作業でとても大変でしたが、その後、研究者をめざすきっかけとなりました。

女子学生の会にも参加していました。当時、早稲田に暉峻康隆という教員がおりまして、彼が「最近、女子学生が増えたのはけしからん、女子学生は亡国の徒だ」と言いました。同じ早稲田の女子学生として黙っているわけにはいかないと、学部を超えて集まり、反論を書こうと合宿をしたり、勉強会を重ねて、いまもある雑誌ですが、『婦人公論』――当時はたいへん硬派でしたが、いまはそうでもありませんね――に早稲田の女子学生の会として反論を書きました。そういう活動にも参加しておりました。

今日は、私がずっとかかわっていますＤＶ（Domestic Violence）、あるいは、最近は国際的には、ジェンダーにもとづく女性への暴力（Gender based Violence against Woman）というような表現をしておりますが、この問題を中心にお話しさせていただきたいと思います。

はじめに、千葉県・野田市の栗原心愛《みあ》ちゃん（当時一〇歳）が、二〇一九年一月に虐待死させられた事件についてお話ししたいと思います。ちょうど、昨日（二〇二〇年二月二一日）父親の一回目の裁判がありました。

1　野田市事件が私たちに投げかけたこと

（1）衝撃を与えた野田市事件

事件の詳細は報道されておりますので省略しますが、これはＤＶ事件です。ＤＶ事件と児童虐待は多くの場合、一体となって起きています。

虐待死させられた被害者は女の子ですが、今回の父親の裁判では母親が証人として証言しています。衝立を立てたりしていましたが、それでも「大丈夫かな」「そばにきちんと支える人がいてくれるのかな」と、彼女のことがたいへん心配でした。

母親に対する裁判は、すでに二〇一九年六月、千葉地裁で、父親による虐待死のほう助の罪、見て見ぬふりをして、その結果としてお子さんが死んだとして、懲役二年六か月——これは検察の求刑懲役二年よりも重くなりました——、保護観察付執行猶予五年の判決がおりました。

そこで言われたのは、「母として、救いの手をさしのべられる唯一の監護者だった」。母親が唯一、心愛ちゃんを救える存在だった。けれども、夫のいうことに唯々諾々としたがって、苦しんでいる子どもから目を背け、心愛ちゃんを殺してしまったんだ、ということです。

「お父さんに叩《たた》かれたというのは嘘《うそ》」
女児の書面 父が書かす
児相、確認せず家に戻す
野田・小4死亡

10歳女児死亡 父逮捕
冷水シャワー、複数あざ
千葉・野田
「父からいじめ」小学校に相談

野田・小4虐待 制止せず同調か
母も傷害容疑で逮捕
事件当日 朝から在宅
夫からＤＶ被害 情報

野田市事件を報じる新聞記事

だからといって、この判決が、夫のＤＶをまったく無視しているかというと、そうではありません。高圧的支配的言動をくり返す夫の意向に、あらがうことはとても困難だったということは言っておりますし、もう一つ重要なポイントとして、母親が孤立していたという点にも一応ふれています。

なぜ、こういうことを言いながら、傷害ほう助という法的責任を問い、懲役二年六か月という相当重い判決が出たのかという点が重要なところです。

（２）野田市事件であぶり出された問題点

◆野田市事件はＤＶ事件である

野田市事件はＤＶ事件ですと言いましたが、先ほどふれました第一回の裁判で、父親である夫は、「自分は悪いことをしたとは思っていない」「暴力は振るっていない」「しつけの程度がすぎた」「許容範囲を超えただけだ」と言っています。これは、最初から一貫して言っています。「教育」という表現も使っています。

「教育として、子どものためにやった。それが度を越しただけだ」と言っています。ほんとうにそうなのだろうか。今後、事実の認定がさまざまな証人の証言によって行われることになります。

DV防止法（配偶者からの暴力の防止及び被害者の保護等に関する法律）が制定されたのは二〇〇一年です。ですから、もう二〇年近くたっています。

二〇年近くたってもなお、ここがポイントになっています。この日本の社会ではDVや暴力の認識がきわめて弱く、そして偏っています。裁判官を含めてそうだと言えます。新聞報道はこういうことにはふれませんが、この点が明らかになった事件ではないかと思います。

同様の事件として、二〇一八年の結愛《ゆあ》ちゃん事件（東京都・目黒区）があります。

この事件では、一審で、母親が保護責任者遺棄致死罪で懲役八年の有罪判決を受けました。母親は現在、控訴しており、裁判がこれからも続くのですが、『文藝春秋』二〇二〇年三月号や新聞も、彼女が夫からどのようなDVを受けていたのかを伝えています。

しかし、野田市の心愛ちゃん事件では、こういう報道は一切ありません。

なぜ、こういう違いが生まれるかと言えば、担当する弁護士がジェンダー視点をもっているかどうか、という点が大きいのではないかと思います。

「子どもを見殺しにした」という新聞報道のような状況は、どういうしくみの中で生み出されているのでしょうか。しかも母親もDVの被害者かもしれません。このDV被害者であるという側面が、どうして無視されていくのでしょうか。

この事件の判決が出されたその後にも、長い彼女たちの人生、一緒に暮らす子どもたちの人生があります。その彼女たち、子どもたちの人生を、この社会はどのように見ていくのか。放りっぱなしなのだろうか。「暴力被害は自己責任である」という自己責任論が日本の社会で強まっていると感じています。

◆DVの構造的理解が求められる

DVや暴力を受けた人の問題を、個人の問題としてではなく、社会の問題として考える視点が、おおざっぱに言えば、ジェンダーの視点、構造的な視点が必要ではないかと考えます。私は、裁判にかかわる人たちにそういう視点があるかないかで、社会の受け止め方が大きく変わると感じています。

DVは性中立的な概念です。親密な関係であれば、性別にかかわりなく加害者にも被害者にもなりえます。しかし、実際には被害者あるいは被害者になるおそれのある人の圧倒的多数が女性です。一九九三年に国連総会で満場一致で採択された「女性に対する暴力撤廃宣言」では、DVは歴史的に形成されてきた男女間の不平等な力関係を背景に、女性であるがゆえに被害を受ける「ジェンダーに基づく暴力」の一形態と位置づけられています。DVは個人的な関係で個人的な現象として起きますが、DVの背景には、社会における男女の不平等な関係や性差別の問題があります。経済力や社会的地位、発言力に男女格差があり、主人は男で、主人の言うことを聞くのはあたり前、男のほうが優れており、女は劣っているという男性優位の見方（社会通念）など、男性なら相手の女性を支配してもよいという考え方がこの社会には根強く残っているのです。

日本は国際的に見ると女性の地位が低く、ジェンダーギャップ指数（GGI、世界経済フォーラム）は世界で一二一位（一五三か国中、二〇一九年）と過去最低を示しました。国会議員や管理職・経営者の女性比率の低さを見てもわかるように、物事を決める位置にいるのは圧倒的に男性です。また、女性の平均賃金は男性の七割に過ぎないうえに、女性の五割以上は非正規雇用労働者であり、男女の賃金格差はますます広がるばかりです。このような性差別社会の中で、男性の女性支配が個々の家族の中でも容認されていると言えます。

さらに、この社会では「暴力による支配」が容認されており、戦争や武力紛争といった非常時には「武力行使」が行われ、平時では、さまざまな力の行使（身体的、精神的・心理的、性的な暴力などさまざまな暴力）による支配が黙認されてきました。日本では、二一世紀に入ってようやく、ＤＶが人権侵害として許されないものであるとされ、ＤＶ防止と被害者保護を目的としたＤＶ防止法が制定されたのです（二〇〇一年）。

目黒区の結愛ちゃん事件の場合には、幸いにして、母親を支える人たちが裁判の中で意識的にそういう視点を用意しました。それではじめて、彼女自身、自分がどういう状況だったのかを理解できたわけです。

彼女は、本当に結愛ちゃんに申しわけないと思っています。

新聞報道にもありましたが、精神科の医師がずっと面接を続けており、ＰＴＳＤ（心的外傷後ストレス障害）と診断されています。それでも彼女は、とり返しがつかないことをやったと自分を責めています。

当事者は、自分がどういう状況におかれているのかがわからない場合がある。そして、自分がＤＶを受けている被害者であるとも思っていません。けれども彼女を支える人たち、専門職の方々がちゃんといて、支援を受けることではじめて自分が被害者であることに気づくことができます。そのことによって、彼女自身が、この事件をはじめてまっとうに見ることができるのではないかと思います。

◆なぜ野田市事件はDV事件だと考えられていないのか

野田市事件の場合は、残念ながらそういう状況にはありません。

父親が冷水シャワーを浴びせたなど、事件が報道されたのは二〇一九年一月末でした。父親は、「暴れたから鎮めるために、ちょっとだけ水をかけたに過ぎない」と証言していますが、現在、事実はどうだったかが明らかになってきています。

その後、父親だけでなく母親が逮捕されたときに、二つの意見が出されました。

一つは、「なぜ母親が逮捕されなければいけないのか」という声であり、もう一つは、「逮捕は当然だ。どうして虐待行為を止めなかったのか」という声です。この二つに日本の社会の世論は別れました。

圧倒的に多かったのが、「どうして止めることができなかったのか」「ずっと同じ家にいて、ずっと子どもの面倒を見ていたのに、なぜ?」という意見です。朝日新聞のコラム「天声人語」は、「娘が暴力を振るわれれば、自分は被害にあわない」という「母親の信じ難い保身」だと書きました。

ところで事件の前年の二〇一八年には、総務省事務次官のセクハラ発言をめぐって、テレビ局の女性記者が週刊誌で告発して大きな問題になりました。「日本では、#me too 運動は広がらない」と言われていましたが、そんなことはなく、あっという間に、国会議員も含めて、#me too 運動が広がるきっかけになりました。その中で、ジャーナリストたちが、いままで自分が仕事をしていて、「こういう経験があった、でも、黙っていた」、あるいは「気がつかなかった」と、「メディアで働く女性ネットワーク」がつくられ、大きな流れが生まれました。

女性記者がいることで、社内からコラムに対する批判があがったかどうかわかりませんが、女性が仕事の場にいることで、職場に何らかの影響を与えることができるかもしれません。

また、コラムに対しては「なんて想像力がないんだ」という読者の投稿がありました。やはりメディアは大事であり、メディアの職場に女性がもっともっと増えていくことが大切だと感じました。

◆DVは暴力による家族の支配

今回の報道を見ていると、父親が身体的暴力だけを意識していることがわかります。また、報道もそこにだけ注目しています。しかしじつは、DVや児童虐待というものは、暴力による相手の支配・コントロールです。報道には、この視点がありません。

DVはDVだけで、そして児童虐待は児童虐待だけで、すべて独立して起きるわけではありません。これらは一体のものとして、構造的に連関しています。たとえば、きょうだいがいればきょうだいを分断します。一方を他方とは違う扱いにして、対立、分断させながら家族を支配していく。こういった構造的な視点がないと、DVや児童虐待は理解できません。身体的暴力もふるってはいますが、じつは大きい問題は、心理的精神的暴力です。

野田市の母親は、心愛ちゃんを産んですぐのころ、夫からひどい拘束を受けていました。たとえば、よくある事例でいうと、「何時から何時までどこにいた」「何分ごとに報告しろ」と縛りつけるわけです。

そこで、非常に早い段階で彼女は心を病み、病院にも入り、離婚をしています。いったん別れましたが、また、一緒になりました。DVの影響、病気の影響もあるだろうし、幼い心愛ちゃんを抱えて一人では経済的に暮らしていけなかったのかもしれません。いわゆる「よりを戻さざるを得なかった」のだろうと推測しています。まさに、先ほど浅倉さんが話された賃金の問題、非正規雇用の問題です。

この事件では、心愛ちゃんの命を救えるチャンスがありました。それが残念でたまりません。彼女は野田市に来る前に、彼女の母親のいる沖縄の糸満市にいました。

被害当事者は自分の母親に、心愛ちゃんは恫喝を受けており、自分に対してはＤＶがあることを話しています。祖母は福祉事務所にも相談に行っていますが、相談員には事の重大さと緊急性が伝わらなかった。婦人相談所を利用できていれば、事態は変わっていただろうと思います。婦人相談所には、一時保護所があり、母と子を一緒に保護するしくみがあるからです。

「相談してもいい」と多くの人が思っていないという問題もあります。また、多くの当事者にはこうした情報もなく、どこに相談していいかを知りません。こういう状況が、ＤＶ防止法が制定されて二〇年たってもあります。

加害者は典型的な「ＤＶ夫」です。この点を、注意深く見なければなりません。この「ＤＶ夫」の戦略として、「被害者を孤立させる」ということがあります。この事件においても、彼女の母親のいる糸満市から、知り合いのいない千葉県野田市に引っ越しています。このことによって彼女も孤立を深めていきます。

加害者である父親（夫）は教育委員会の職員を恫喝して、職員は耐えられずに心愛ちゃんが学校で書いたアンケートの写しを渡してしまいます。そういう加害者像があまり社会に伝わっていないのではないかと思います。

◆児童虐待とDVの一体的な対応へ

野田市事件後の二〇二〇年三月、政府は「児童虐待防止策の抜本的強化」に関する閣議決定を行い、DV対応と児童虐待対応との連携強化など、児童虐待発生時の迅速かつ的確な対応をすすめるための方策を打ち出しました。

ほぼ同時期に、民間のDV被害者支援団体が即座に院内集会を開催し、政策におけるDV理解の促進とDV被害者支援の視点の重要性を訴えました。その後、児童福祉法、児童虐待防止法、DV防止法が一部改正され、児童相談所と配偶者暴力相談支援センターとの情報共有・連携体制強化が図られることになりました。

今回の児童福祉法改正で特筆すべき点として、児童相談所の体制強化とともに、体罰の禁止が明記されたことと、民法八二二条の「親の懲戒権」規定の見直しや子どもの意見表明権を保障するしくみの検討が今後の課題とされた点が挙げられます。野田市事件の父親のように、「虐待ではなくしつけなのだ」という考え方はもう通用しません。しかし、日本社会では、なお、しつけと体罰が混同されて虐待の正当化に使われています。体罰とは、暴力による恐怖心を与えて、子どもの言動をコントロール・支配するということを理解する必要があります。

なお、二〇二〇年三月一九日、千葉地裁は、父親の暴行罪や強要罪など六つの犯罪をすべて認め、「尋常では考えられない凄惨で陰湿な虐待」であったとして、懲役一六年の判決を下しました。父親は控訴しています。

2　困難を抱える女性たちのいま

（1）支援を求める女性たちの現状

◆複合的な困難を抱える女性たち

日本では、暴力の被害を受けた女性が社会的に孤立しています。暴力被害は「自分が悪い」からだ、自己責任だとするのが日本社会です。一五～一六歳ぐらいから若い女性たちには「援助交際」「パパ活」という問題がありますが、これも「好きでやっているんだろ」「お金が欲しくてやっているんだろ」と言われます。

家族の中で孤立している、親の性虐待から逃れるためには家を出なければいけないなど、彼女たちの背後にある、これまでの人生における問題が見落とされています。若い女性たちは自分の身を守るために、また、家族の中で孤立してしまって居場所がなくなり、「家出」をするのですが、東京に出てきてもお金がなくてご飯も食べられない、泊まるところもない状態になり、渋谷や新宿などの街をさまようことになります。そうしたときに、街には、ちゃんと彼女たちを待ち構えている人がいるのですね。性風俗の男たちが「ご飯をご馳走してあげる」、「何もしないから泊まっていいよ」と声をかけてきますが、やさしい声をかけられて少女たちは騙されてしまうわけです。

しかしながら、支援の届かない女性たちがあまりにも多すぎます。

複合的な困難に女性たちは直面しています。暴力（DVや性暴力、子ども時代の性虐待被害経験）、離婚、貧困、心身の疾患や障がい（特に精神的ダメージ）、居場所の喪失と社会的孤立、性的搾取、妊娠・中絶・出産、家族・就労からの排除、子どもの問題などさまざまな困難を抱えています。

だから、DV、暴力にとどまりません。貧困があり、孤立があり、精神的ダメージがあります。子どもも同じです。

そういう状況に、どう社会は責任をもって女性たちを援助していけばいいのか、真剣に考えなければならない時期だと思います。

◆制度のはざまに置かれる女性たち

外国人女性や障がいのある女性は、さらに複合的な差別にさらされています。女性であることに加えて、外国人であることや障がいがあることなど二重の差別を同時に受けています。外国人の場合は、「日本人の配偶者」という在留資格は夫の協力がないと更新できず不安定な状態にありますが、そのことがDVを振るわれても我慢せざるを得ない原因となっています。

また、言語コミュニケーションの問題も大きく、日常会話は問題がなくても、保護命令や離婚調停、子どもの面会交流の取り決めなどの際の法的手続きが十分理解できず、何が進行しているのかもわからないまま意思表示ができず、自分の意思に反した事態がすすむことが起こりえます。助けを求めたくても、行政の窓口へのアクセスは容易ではありません。

さらに、食事や子育てなどの生活習慣の違いからくる多文化ストレスもあります。また、東南アジアや東アジア出身の女性に対しては、日本より貧しい国の出身であるという根強い社会的偏見にもとづく差別があります。障がいがある人に対して支援が届けにくい点も、支援現場での大きな課題になっています

また、法制度間に齟齬《そご》があるという問題もあります。たとえば一八〜一九歳は、未成年で民法の親権に服しますが、対象を一八歳未満とする児童福祉法の対象からは外れます。たとえば、一八歳間近の女性が性暴力の被害を受けて、予期せぬ妊娠・出産の問題に直面して支援を求めても、児童相談所も婦人相談所も受け入れず、押しつけあいになることすらあります。また、二〇歳未満だと、せっかく保護されて施設への入所や生活保護の申請をしようとしても、親の虐待を受けて逃げてきた場合など、親の同意を得ることは難しく、適切な支援が受けられない結果となります。

なにしろ、法制度が不十分すぎます。被害者の支援法制やセクハラの禁止規定など、必要不可欠なさまざまな法制がいまだにつくられずにいます。また、相手の男性が逃げてしまい、親からも援助がなく、ひとりで妊娠・出産に立ち向かわなければならない単身の女性が相談できたり、身を寄せて支援を受けたりするための社会的資源がきわめて少ないのです。熊本の慈恵《じけい》病院（赤ちゃんポスト）および東京の婦人保護施設慈愛《じあい》寮と「妊娠ＳＯＳ」という民間団体くらいしかありません。

（2）現代的課題

「ＪＫビジネス」（ＪＫは、女子高校生の意）やＡＶ出演強要問題の顕在化に伴い、最近ようやく政

策課題に登場したのが性暴力・性虐待被害を受けた若年女性への支援です。性暴力犯罪を特集した、法務省の「犯罪白書」（二〇一五年度版）によると、「強姦」および「強制わいせつ」の被害者で最も多いのは二〇歳代であり、一三歳～一九歳の女性の「強姦」被害は三割以上を占めています。また、二〇一八年には若年女性が実父から性虐待被害を何年も受けてきた事件で加害者の実父に無罪判決（名古屋地裁岡崎支部、二〇二〇年名古屋高裁逆転有罪判決）が下されたことで、社会的関心が高まり、フラワーデモのきっかけとなったことはご存じだと思います。若年女性が性暴力や性虐待の被害を受けやすいにもかかわらず、被害者支援はもっぱら少数の民間団体（ボンドプロジェクト、コラボ、若草プロジェクトなど）に任されていました。二〇一七年春以降、国が動き出し、実態調査や民間支援団体への財政援助などを行うようになりました。

若年女性は実父や義父・祖父などから性暴力・性虐待を受けて、家から逃れて都会に出てくるのですが、お金もなく、食事代も泊まるところもない彼女たちを待ち構えているのが出会い系サイトやSNS、性風俗業者です。買春客や風俗の店長などからも性暴力被害を受けており、精神的なダメージがひどく、「消えたい、死にたい」と自殺念慮を抱く女性が多いのです。若年女性の抱える複合的困難には、居場所がなくなる、学校教育や就労からはじき出される、予期せぬ妊娠・出産など、若年女性固有の問題があります。しかし、彼女たちは所持金が底をついたり、出産間近になるなど、ぎりぎりにならないと支援を求めない傾向にあり、支援を求める資格などないと自分を責めてしまいます。

（3）支援が必要にもかかわらず、支援にたどり着かない女性たち

支援が必要なのにもかかわらず、支援にたどり着かない女性たちがたくさんいます。「自分が悪いから、非があるから」と思い込んでいる女性が多い。日本では自己責任論が根強く、女性が被害を受けても社会の問題だと考えず、被害者も自分を責めがちです。とくに、性暴力や性虐待はかえって被害者のほうに過失があると責められる。また、家族の中で起きる暴力や性虐待は、私的領域で起きる問題であり、個人的なことだとして公的介入が抑えられてきました。性暴力は年代、階層、国籍、障がいの有無、性別を超えた人権侵害であり、支援ニーズがあるにもかかわらず、公的支援には遠い存在だったのです。

（4）女性支援の新しい枠組みの必要性

女性支援についての国の保護事業は、一九五六年に制定された売春防止法の第四章「保護更生」を法的根拠とする「婦人保護事業」しかありません。そしてこれは官僚的・管理的できわめて上から目線のものです。まったく女性の人権保障という発想がありません。いま、ようやくこれを変えて新しい「女性支援法」を制定しようという動きが生まれています。

しかし、予算がまったく不十分です。日本にはジェンダー予算、ジェンダー統計といった考え方がないので、はっきりと出てきませんが、婦人保護事業でみますと、一年間の総事業費が二〇二〇年度

予算でたったの二〇六億円。F35戦闘機が一機一一六億円ですので二機分よりも少ない。こういう現状です。日本政府はなんて女性に冷たいのだろう、と思ってしまいます。

まとめ

暴力には、戦時の暴力と平時の暴力があります。これは別物ではないかもしれない。つながっているかもしれません。国連女性に対する暴力特別報告者であったスリランカのラディカ・クマラスワミさんは「社会の軍事化は暴力文化をもたらし、日常文化に暴力文化が染みついていくことになる」と言っています。

そして家族や社会の紛争解決手段として暴力が容認されていく。その状況を私たちはいま、もう少し真剣に考えなければならないと思います。

国際社会では、暴力の問題が現在、最も力を入れなければならない課題の一つとなっており、国連も積極的にとりくんでいます。ヨーロッパ評議会などもとりくんでおり「イスタンブール条約」(女性に対する暴力・DV防止条約)を制定し(二〇一一年)、ヨーロッパ諸国の刑法改正などの立法基準となっています。また、ILOも「仕事の世界における暴力とハラスメント禁止条約」を採択しました(二〇一九年)。

作家の高橋源一郎さんが言ったことですが、まさに日本は「DV国家」と言えます。威圧的な態度をとる、理不尽なことがごり押しされて通っていく、それに慣れていく私たちになってはいけないと思っています。

政治参加と女性　立法分野でのジェンダー平等のとりくみ

田村　智子

たむら・ともこ　日本共産党副委員長、政策委員長、参議院議員（二期目）。早稲田大学第一文学部卒業。派遣労働者や非正規雇用労働者の待遇改善、マタハラや男女賃金差別、保育園待機児童問題、ひとり親への支援、性犯罪被害者の支援センターの機能強化などにとりくむ。「桜を見る会」疑惑追及の火付け役。

今日は、私自身も学習するつもりで参加しました。さっそく、政治分野のジェンダー平等について、お話しします。

1　政治分野のジェンダー平等　日本の現状を直視する

（1）ジェンダーギャップ指数を大きく引き下げている政治分野

さて、ジェンダーギャップ指数一二一位という、先進国のみならず、国連加盟国の中でもきわめて低い位置にある日本の現状をどうしたらよいのかということですが、まず一二一位という評価の内容を、しっかりと見ることが必要だと思います。

ジェンダーギャップ指数とは、男女の社会的格差を数値化したもので、二〇〇六年以降、毎年、世界経済フォーラムが発表しています。経済、政治、教育、健康という四つの指標で計一四分野にわたって男女格差を数値化し、さらにこれらを総合的に評価して、その国のジェンダーギャップ指数としています。女性÷男性という数値ですから、一から小さくなるほど格差が大きいことになります。

【図表1】にあるように、日本のジェンダーギャップ指数は、教

【図表1】ジェンダーギャップ指数を大きく引き下げている政治分野

教育分野：0.983（91位）
健康分野：0.979（40位）
経済分野：0.598（115位）
政治分野：0.049（144位）

育分野では〇・九八三（九一位）、健康分野は〇・九七九（四〇位）で、ほぼ男女平等と言えます。しかし、経済分野では〇・五九八（一一五位）となり、政治分野にいたっては〇・〇四九（一四四位）と、これらの分野では一桁違う大きな格差となります。政治分野での女性の地位があまりにも低い、これが日本のジェンダー指数を大きく引き下げている要因です。

社会に出るまでは男女は概ね共に育っているが、社会に出ると明らかに格差が生じ、特に政治の分野では激しい女性差別がある、この現状を直視する必要があります。

（2）国政選挙での女性の立候補者数と当選者数の推移

【図表2】は、「男女共同参画白書（令和元年度版）」から引きました。戦後すべての国政選挙での候補者・当選者に占める女性の割合が示されています。

この図は、いろいろな分析ができて興味深いと思います。

ずっと低迷している時代から、少し割合が上がるときがあります。その時々の政治・社会情勢をあわせて考えてみると、まず明確に割合が上がるのは、消費税が導入された一九八九年（平成元年）の参議院選挙です。参議院では、この選挙で候補者数、当選者数ともに大きく伸びて、この水準がその後も続いています。

衆議院でも消費税導入後に明確に女性の割合が増加しています。また、民主党への政権交代のとき（二〇〇九年）にも、小さな山があります。

そして、二〇一五年、安保法制とのたたかいの後の参議院選挙（二〇一六年）で女性の当選者割合

【図表2】戦後の国政選挙における候補者、当選者に占める女性の割合の推移

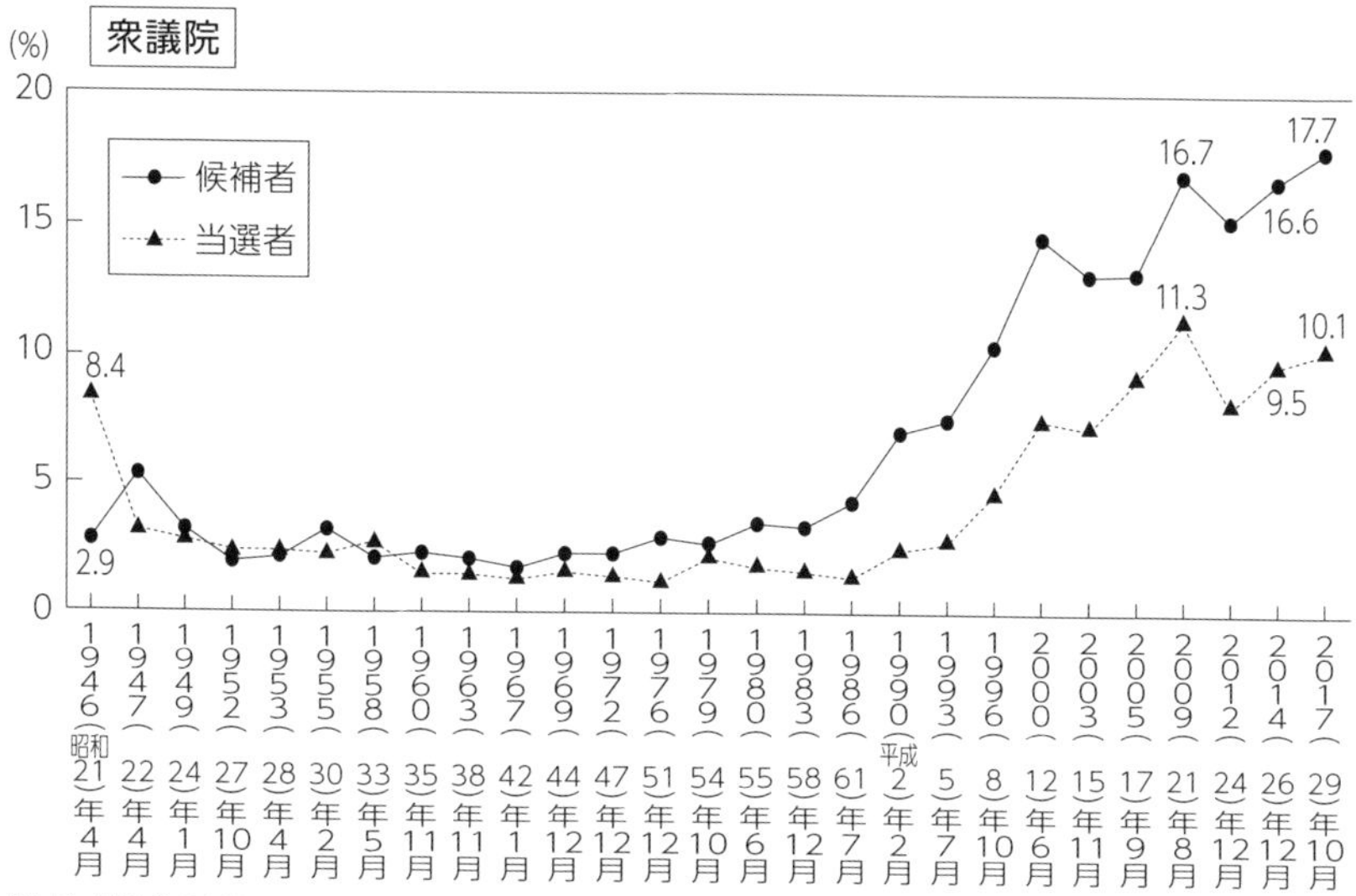

(備考) 総務省「衆議院議員総選挙・最高裁判所裁判官国民審査結果調」より作成

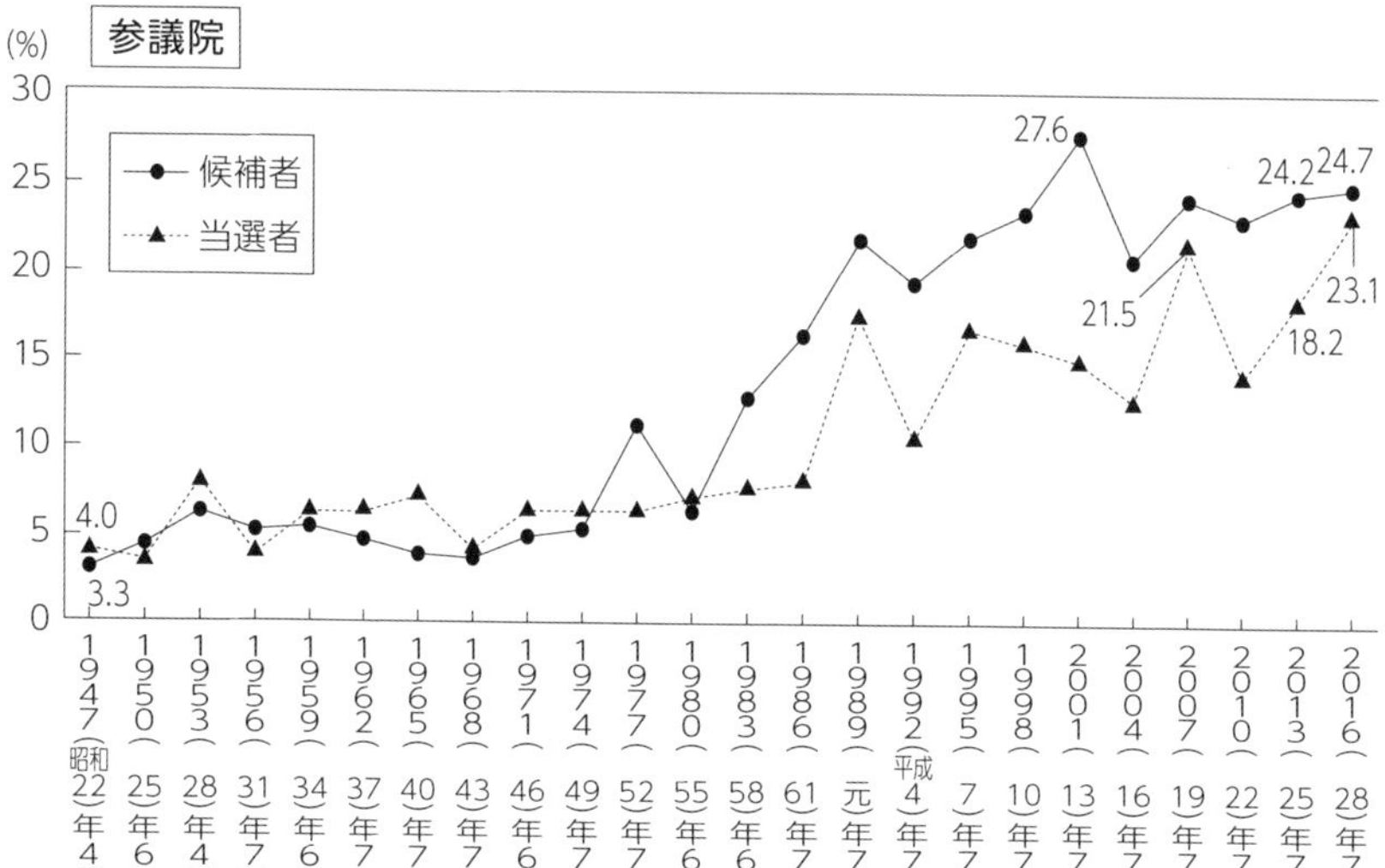

(備考) 総務省「参議院議員通常選挙結果調」より作成。
資料出所:「男女共同参画白書(令和元年度版)」

が過去最高となります。お茶の間の中に政治が入っていって、「こんな政治でいいのか」という問いかけが広く国民のなかにあるときには、女性の候補者・当選者の割合が、小さい山ですが増えるという変化があることがわかります。

直近、二〇一七年の衆議院選挙は、女性の候補者数の割合が一七・七％、当選者数の割合が一〇・一％でした。小選挙区と比例代表に分けると、小選挙区で八・〇％、比例で少し高く一三・六％です。二〇一九年の参議院選挙では、女性は立候補者の二八・一％、当選者の二二・六％でした。この選挙は、「政治分野における男女共同参画推進法」（日本版パリテ法）が施行されて初めての選挙として注目され、立候補者の女性割合は過去最高となりました。

この日本版パリテ法は、超党派の議員連盟で学習会や議論を重ねて立法化されたものです。長年、女性議員を増やそうと運動をしてこられた方々は、クォータ制（後述）など確実に女性議員を増やす選挙制度の必要性を強く訴えておられましたが、まずは、あまりにも女性の立候補者数が少ないという状況を変える法案とすることで、与野党がまとまり、議員立法として全会派の賛成で二〇一八年に成立しました。

法律の基本原則では、立候補者数を男女均等とすることを目指すと明記されました。第二条にはこうあります。

第二条 政治分野における男女共同参画の推進は、衆議院議員、参議院議員及び地方公共団体の議会の議員の選挙において、政党その他の政治団体の候補者の選定の自由、候補者の立候補の自由その他の政治活動の自由を確保しつつ、男女の候補者の数ができる限り均等となることを目指して行われるものとする。

一方、政党に努力義務を課している条文（第四条）では、男女均等の言葉が出てきません。「基本原則にのっとって目標を決めましょう」というような内容になっています。

第四条　政党その他の政治団体は、基本原則にのっとり、政治分野における男女共同参画の推進に関し、当該政党その他の政治団体に所属する男女のそれぞれの公職の候補者の数について目標を定める等、自主的に取り組むよう努めるものとする。

ここに、与党が反対できない条文にする苦労がにじんでいます。「男女均等」についても、法案策定の過程で、野党は「男女同数」と明記することを求めましたが、与党が認めなかった経緯があります。参議院内閣委員会で、私は「均等とは法的に同数と同趣旨であることが確認された」と意見表明し、議事録に残すこととしました。

このようにさまざまな議論や思惑はありましたが、「立候補者数をまず男女同数にして、ジェンダー平等の議会へ」という要求を反映した法律であることは間違いありません。二〇一九年の参議院選挙で、各政党が女性候補者をどれだけ立てるかに注目が集まったことは、大きな意義があったと思います。

では、この選挙での各党の女性の立候補はどうだったでしょうか。**【図表3】**の一覧の通りです。日本共産党は五五％、二二人の立候補者です。立憲民主党、国民民主党も積極的に女性候補を擁立

【図表3】日本版「パリテ法」のもとで行われた2019年参議院選挙

	女性の立候補者	当選者
自由民主党	15%（12人）	17.5%（10人）
公明党	8%（2人）	14.3%（2人）
立憲民主党	45%（19人）	35.3%（6人）
国民民主党	36%（10人）	16.7%（1人）
日本共産党	55%（22人）	42.9%（3人）
日本維新の会	32%（7人）	10.0%（1人）
社民党	71%（5人）	0%（0人）

れいわ新選組　女性の立候補者1人、性自認が女性の候補者1人、女性の当選は50%（1人）

無所属　9人中女性4人

したことがわかります。一方、最大会派である自民党は候補者で一五％、公明党も候補者で八％と、まるで法律など関係ないという少なさです。

日本共産党は候補者の過半数、当選者も半数近くが女性でしたが、参議院全体に与える影響がそもそも小さすぎます。女性議員を増やすためにも、日本共産党の議席そのものを大きく増やすことが求められていると実感します。そして、日本の議会のジェンダー平等をすすめるうえで、いまの最大会派である自民党が、その責任をまったく果たしていないことが明白になったといえます。

なお、当選者数をみると、じつは三年前の選挙よりも女性の割合はやや下がりました。日本版パリテ法が施行されてもなお、実際の女性議員比率は改善されておらず、どうすればいいか、真剣に考えなければなりません。やはり女性議員を増やすために、一つには、候補者を男女同数にすること、二つ目に、当選可能な位置に女性をつけることが必須といえます。

（3）世界的にすすむ「クォータ制」と周回遅れの日本

国際的には、女性が議会で一定の割合を占めるようにする選挙制度「クォータ制」が、発展途上国であれ、先進国であれ、女性の当選者数を引き上げたことは、紛れもない事実です。

クォータ制というと女性が優先的に当選できて、必ず女性議員の割合が増えるような制度と受け止める方が多いと思いますが、じつは、いろいろな方法があります。大きく分ければ次の三つの手法があります【図表4】。

フランスなどは比例区の候補者の順番を、「男、女、男、女…」あるいは「女、男、女、男…」として、当選可能な位置に女性と男性がほぼ同数となることを法律で定めていますが、この法制定に至る過程では、まず政党が独自に努力を重ねていったという時代がありました。

日本では、今回まず政党に立候補者の男女均等の努力義務を課しました。今後、その結果を受けて、このまま努力義務だけでいくのか、これでは事態がなかなか変わらないということであれば、新たな検討が必要になると思います。

私たち日本共産党もまだ案を持っているわけではありません。どうすべきか、運動にとりくんでこられた方々とも真摯に議論していくことが必要だと考えています。とにかく日本は世界水準からみて、二周から三周の周回遅れだという自覚に立った議論が求められている、この自覚が必要だと思います。

【図表4】政治分野におけるクオータ制の導入状況

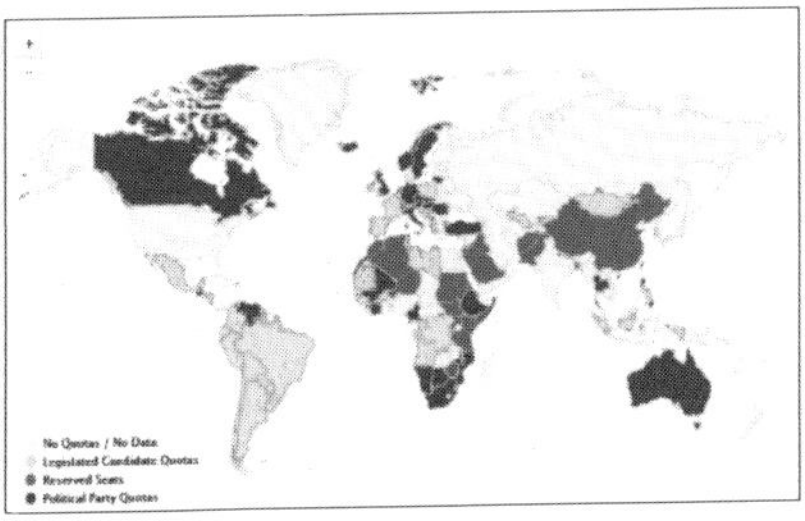

■政治分野におけるクオータ制とは
政治分野での男女間格差を是正する方策で、性別を基準に一定の人数や比率を割り当てる制度
導入状況（IDEAのジェンダークオータデータベース）

＜導入状況＞
- 憲法・法律による候補者クオータ制⇒53か国
- 憲法・法律による議席割当クオータ制⇒24か国
- 政党による自発的クオータ制⇒55か国

フランス

パリテ法の制定の経緯と仕組み

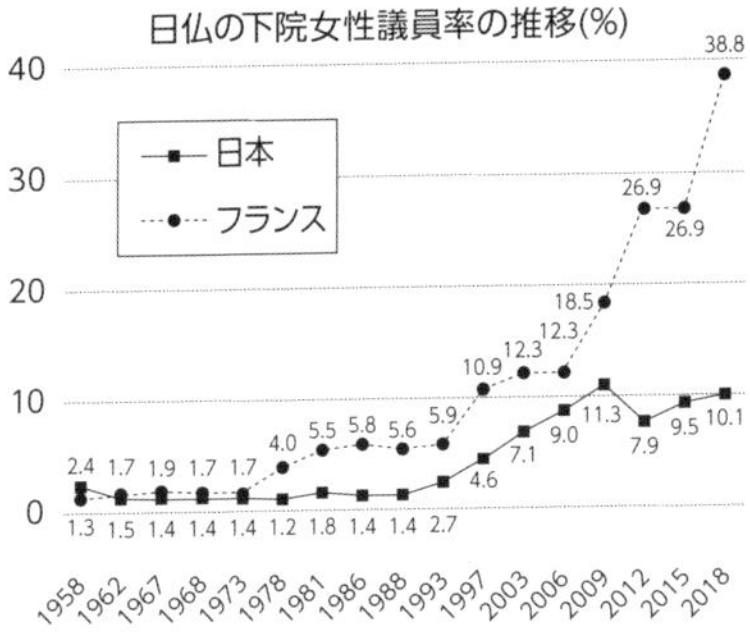

1982年	下院で可決された「25%クオータ法案」に対して憲法院が違憲との判示
1990年代	クオータ制とは異なる理念の「パリテ」の広がり
1999年	憲法改正「法律は選挙によって選出される議員職と公職への男女の平等なアクセスを促進する」との条文追加
2000年	いわゆる「パリテ法」の成立 ・選挙候補者名簿を男女交互とする仕組み ・政党助成金の減額の仕組み ・選挙候補者名簿の登載順の仕組みの導入 ⇒以降、適用範囲の拡大や助成金の減額率の増加を段階的に進める
2013年	県議会選挙でのペア立候補制度を導入

イギリス

庶民院（下院）の女性議員増加の経緯

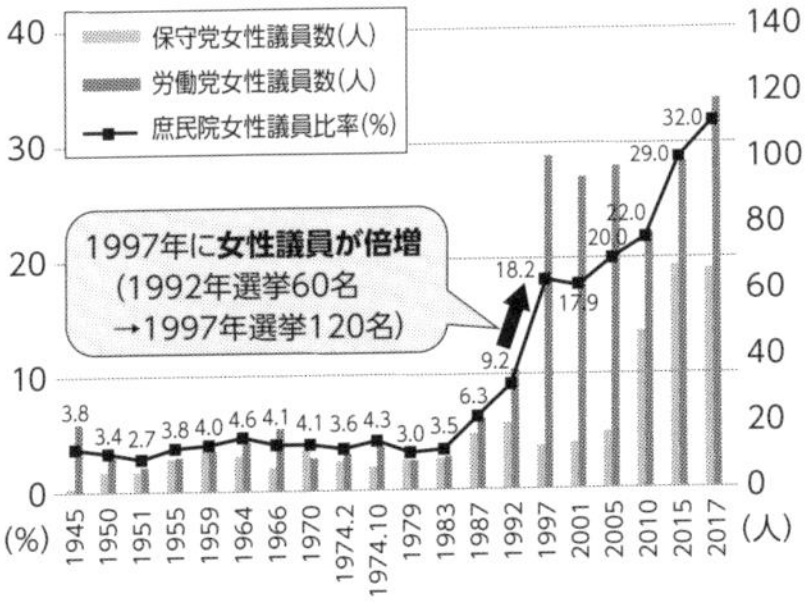

1993年	労働党：女性指定選挙区の導入 →性差別禁止法を根拠に女性指定選挙区の使用に差止め（1996）
1997年	庶民院（下院）選挙において、女性議員を大きく増加させた労働党が勝利
2002年	性差別禁止（選挙候補者）法の改正により、政治代表に関するポジティブ・アクションが可能に →労働党：女性指定選挙区の使用を再開し、女性議員が引き続き増加 →保守党：キャッチアップのため、女性問題への質の向上による女性有権者の支持拡大、女性議員増加を課題として、取組を推進

資料出所：内閣府男女共同参画局「平成30年度 諸外国における政治分野への女性の参画に関する調査研究報告書」より

2 ＩＰＵ（列国議会同盟）におけるジェンダー平等のとりくみ

国際的な動向について、ＩＰＵ（列国議会同盟）の会議に参加した経験も含めてお話しします。

ＩＰＵとは、議会を持つ一七〇を超える国、地域（たとえばＥＵなど）の国会議員が、議会のあり方について議論をしていく場です。毎年、総会が行われ、日本も衆議院・参議院からそれぞれ代表を派遣しています。

ただ、この代表派遣の方法ですが、他の国では系統的に同じ議員が参加して、前年の総会での議論をふまえて議論が行われているのですが、日本の国会はＩＰＵの位置づけが大変弱く、系統的に参加するということになっていません。政党の海外派遣の割り当てで、共産党の場合、数年に一回しかＩＰＵ参加の枠が回ってきません。

(1) 二〇一一年春、ＩＰＵ総会に参加した衝撃

じつは私が当選してすぐの二〇一一年春に、たまたま共産党にＩＰＵ総会参加の枠がきました。参議院の党議員団は、私以外みんな海外派遣の経験があり、「田村さん行ってきなさい、勉強になるから」ということで、開催国のウガンダに行きました。

圧倒されました。ほんとうに女性が元気でした。議長国のウガンダは下院議長が女性で、ママと慕われて、実際に会議を仕切る力量を示していました。発言する各国の女性たちも、女性議員の存在意義をいきいきと発言していました。

初日に、女性・子どもの権利にかかわる分科会に参加してみると、選挙制度について、いかに女性を当選可能な位置につけるかなど、本当に建設的な議論をしていて、日本の国会での議論とのギャップを思い知らされました。

分科会での発言を予定していなかったのですが、黙って帰ってはいけないと、わが身への反省の意味も込めて発言することを決意し、バーっと手書きのメモをつくり、通訳の方に渡して、ごく短い発言を行いました。

この議論は日本にとって重要なものだと感動を述べたうえで、「日本では、衆議院で女性の議員の割合は一割。ところが、選挙制度の改定を行う際に、女性議員の割合をどう増やすかという視点をまったく欠如した議論が行われてきた。このことを深く反省し変化をつくりたい」と、反省の意味を込めて発言しました。

私が選挙制度の議論に意識を向けたのは、八〇年代以降ですが、衆議院で小選挙区制を導入されたとき、その区割りを変えるときなど、女性の比率を増やす議論がされたでしょうか。比例の拘束名簿など参議院の選挙制度もころころ変わりました。しかし、女性の比率を高める議論をしたか、私は記憶にありません。それほど日本の国は遅れているということを、私は、二〇一一年のＩＰＵ総会で、ほんとうに自覚をしました。

（2）「ジェンダーに配慮した議会のための行動計画」（IPU　二〇一二年）

IPUでは、議会におけるジェンダー平等のとりくみを積極的に続けています。私が参加した翌年二〇一二年の総会では、「ジェンダーに配慮した議会のための行動計画」を採択しています。

全文はかなり長文ですが、ここでは七つの行動計画の柱を私の要約で抜粋しました【図表5】。

重要なのは、「女性議員の数に関わらず、あらゆる議会が導入できる」ということです。いま、女性議員の比率が高いところも、まだ低いところも、どんな議会でもできる七つの行動ということです。たとえば、五つ目に「両性の議員がジェンダー平等に責任を持つ」とあります。「男性にとって興味深いジェンダー政策に関する問題を調査する委員会の設置」「男性議員向けのジェンダー平等に配慮した研修プログラムを提供」など、男性が率先してとりくめる行動が盛りこまれていて、なかなか面白いと思います。

◆女性議員数の引き上げとあわせ議会での要職に女性を

七つの行動計画のなかでも、日本の現状を変えるために重要な柱として、一と二についてお話しします。

一つ目、「女性議員数の引き上げと参加の平等の実現をする」。そのために、選挙で「勝ち得る」位置をしめられるような特別措置を講じること。これだけではなく、当選後、議会の要職に女性を就かせることも同じく重要であり、ここまでやらなければジェンダー平等の議会ではないとしています。

【図表5】七つの行動計画
女性議員の数に関わらず、あらゆる議会ができる七つの行動

1　女性議員数の引き上げと参加の平等の実現
選挙で「勝ち得る」位置をしめられるような特別措置を講じる
議会の要職に女性を就かせることも同じく重要である

2　ジェンダー平等のための法律及び政策の強化
国内法、議会の戦略方針と行動計画、適切な議会監視など

3　あらゆる議会業務におけるジェンダー平等の主流化
ジェンダー平等主流化 → 男女の相違を認識することがジェンダー平等を推進する

4　ジェンダーに配慮したインフラ及び議会文化の整備または改善
仕事と家庭の両立支援、差別とハラスメントのない職場環境の促進など

5　両性の議員がジェンダー平等に責任を持つ
男性にとっての興味深いジェンダー政策に関する問題を調査する委員会の設置
男性議員向けのジェンダー平等に配慮した研修プログラムを提供

6　政党がジェンダー平等の擁護者となるよう奨励する

7　議会スタッフにおけるジェンダー平等への配慮とジェンダー平等の促進

※筆者による要約（全文はインターネットで読むことができます。
http://archive.ipu.org/pdf/publications/action-gender-jp.pdf)

選挙については先ほど述べた通りです。

当選後については、私の経験に照らしてもなるほどと思えます。私は今年一月まで約二年間、参議院議院運営委員会の理事をしていました。議運委員会は、参議院自身の予算を含め、議会の運営全体を審議議決する委員会で、一〇議席以上の会派は理事を出すことができます。参議院を代表する委員会なので、たとえば海外の議員団が議会交流で訪問した際には、議運理事が懇談します。

私は、議院運営委員会の久しぶりの女性理事で、他の理事は男性ばかりでした。しかし海外の議員団のほとんどは半数前後が女性で、議長が女性ということも珍しくありません。日本は私一人が女性で、ほんとうに恥ずかしいことでした。私の後任は、倉林明子さんが議運理事となりましたが、共産党としていつも女性を議運理事にできるかといえば、これは厳しい。理事ポストは、与党第一会派が三人、野党第一会派が二人、それ以外の会派は一人ですから、大きな会派の役割が問われます。長期にわたって第一会派である自民党は、私が知りうる限り、一度も理事に女性を就けたことがありません。

テレビ中継の入る予算委員会はどうでしょうか。参議院は女性の議員が増えて、昨年一一月の「桜を見る会」の質問でも、委員席の野党女性議員がすばらしいリアクションをしてくれて、たいへん面白い動画としてみなさんに見ていただけました。衆議院ではいまも男性議員がほとんどを占めています。

私が国会議員秘書をしていた九〇年代にこんな経験をしました。国連子どもの権利委員会の方が国会内の市民集会に参加され、せっかくだから国会を見てみたいということになり、私が案内することになったのです。ちょうど衆議院で予算委員会開会中でしたので、傍聴席に案内しました。衆議院の傍聴席は、委員会室を見下ろす場所にあるのですが、感想は一言、「真っ黒ね。どこに女性議員がいるの」――これだけでした。

議会の要職に女性を就かせる、これはいまの日本の議会でもできるジェンダー平等へのとりくみなのです。

◆社会の構造的変化を議会が反映する必要がある

二つ目の「ジェンダー平等のための法律及び政策の強化」、私は、ここに政治分野におけるジェンダー平等の意義が明確に示されていると思います。

行動計画の前文を一部、紹介します（翻訳は衆議院事務局・参議院事務局）。

「民主主義は常に評価され、再評価されなければならない。二〇世紀に世界中の民主主義に起きた最も顕著な変化の一つは、女性の有権者数と議員数が共に増加し、女性の政治参加が拡大したことである」

「議会は、社会を反映しようとするものであり、だからこそ、有権者の変化も反映しなければならない」

「ジェンダーに配慮した議会とは、現代社会の平等に関する要求に対応し、また反映できる現代的な議会であり、究極的には、より効率的で効果的で合理的な議会ということになる」

この文章を読んで、日本共産党の党大会で綱領を改定したことと響き合うと感じました。党綱領の改定では、二〇世紀に植民地支配を打ち破り独立国が次々と生まれた、これを「世界史の構造的な変化」として、ここから二一世紀の世界を展望するという世界観を発展させました。

IPU「行動計画」では、独立国が増え、女性参政権が世界に広がったことで、女性の有権者と議員数が大きく増えた、これが「二〇世紀に世界中の民主主義に起きた最も顕著な変化」と位置づけています。また、「有権者の変化を議会は反映しなければならない」とありますが、女性が社会のさまざまな場で活動・活躍しているという大きな変化を、議会は反映しなければならないことを示しています。

さらに「ジェンダーに配慮した議会」とは、現代社会の平等に関する要求――格差や貧困の解決、暴力・ハラスメントをなくすなど――民主的要求に対応し反映する議会であることを、この前文ははっきりと示していると、私は理解しました。

◆抑圧された女性たちの思いが爆発した戦後直後の衆議院選挙

二〇世紀の大きな変化は、日本でも女性の権利の獲得として顕著です。アジア太平洋戦争直後、初の女性参政権のもとで行われた衆議院選挙で、女性の立候補者数の比率は、わずか二・九％でした（57頁の【図表2】を参照ください）。しかし、当選者の比率は八・四％となっています。私はこの当選者比率に衝撃を受けました。

戦前・戦中、日本の女性は戦争で苦しみました。女性には、被選挙権はもちろん投票権がなかった、国家にものをいう権利がなかった。戦後、ここから脱却した最初の選挙で、爆発的な、世の中を変えようという変革のエネルギーが数字にあらわれていると思うのです。

そして、乃南《のなみ》アサさんの『水曜日の凱歌』という小説を思い出しました。戦後、日本軍「慰安婦」と同じように、占領軍であるアメリカ人を「接待」するために、日本の女性たちが狩り集められました。その史実を少女の視点から見た小説です。そのクライマックスともいえる場面が、戦後初の衆議院選挙なのです。

米軍相手に集められたダンサーの女性が立候補し、見事当選を果たすのですが、その布石とも言える、この女性の啖呵《たんか》の場面は圧巻です。ここで言えないような言葉もあるのですが、紹介できるところを読んでみます。

「あたしらをイヌ畜生だとでも思っていやがんのかっ！　パンパンだろうが何だろうが、あたしたちは人間なんだっ！　この日本に生まれた、日本の女なんだよっ！　おまえら男たちがだらしないばっかりに、こうしてあたしらが、後始末をしなけりゃならないことになったじゃないかっ」

占領軍の「接待」で集められた女性たちは、その後、性病の蔓延などから突然解雇され、生きていくために町に立って男性に声をかける「パンパン」になっていく、これも風紀を乱すとして逮捕されることになるのです。「パンパン」が逮捕されて連行されていく、そのときに警官や男たちに向かって切った啖呵です。この女性が後に立候補して、今度は街頭演説をする姿に少女は驚き感動する。

候補者数の女性比率はわずか二・九％。しかし当選者の比率が八・四％という、この時代のありようをこの小説から感じ取れるように思いました。

（3）「ジェンダー平等政策」と「議会のジェンダー平等」は車の両輪

◆政党シンポジウムで感じた違和感

ＩＰＵの「行動計画」を知ったときに、これまで私が参加した、女性議員をいかに増やすかという「政党シンポジウム」で抱いた違和感の中身が分かりました。

「政党幹部の考え方を変えなければ女性の立候補者数は増えない」「候補者へと育てるために女性の研修が必要」というのが各政党の発言で、議論も深まらないように感じたのです。

冒頭にお話ししたように、日本は教育については、ジェンダーギャップはほとんどありません。もっといえば、ＰＩＳＡという国際学力調査によると、日本では大学までは、女性の方が男性より能力開発がすすんでいるという調査結果が出ています。なぜ、女性の立候補者を増やすために能力開発が焦点なのかと、少々憤りも感じていました。

問われているのは、各政党が、ジェンダー平等の実現、人権の実現の政策をどう掲げているのか、そして社会を変えようと頑張る女性たちを政党に迎え入れ、政党の候補者として国政に送り出してきたのかということではないでしょうか。

先ほど紹介したＩＰＵの行動計画の二つ目「ジェンダー平等のための法律および政策の強化」で、ジェンダー平等の政策と女性の政治参加は車の両輪だと、はっきりと打ち出されていることで、私の中の「もやもや」した思いがすっきりとしました。

日本共産党が他党に比して、女性候補者・議員の割合が高いのはなぜか。女性だけの若年定年制や昇給昇格差別とのたたかい、「ポストの数ほど保育所を」の運動、就職活動での女性差別をなくそうという運動、子どもの医療費無料化など、女性の社会的地位向上や格差の是正を求める草の根の運動をともにすすめ、運動・たたかいのなかからたくさんの女性議員が誕生しているのだと思います。逆にいえば、ジェンダー平等の政策を拒否する、敵視する、妨害する、こういう政党では、議会のジェンダー平等は実現不可能なのです。

これまでの国会は、女性の割合が一～二割台であっても、女性差別を禁ずる法律をいくつもつくってきました。しかし慣習としてのジェンダーはいまも根深く残り、非正規雇用の七割近くが女性ということに象徴されるような、実態としての男女不平等がまかりとおっています。さらに、フラワーデモの運動などによって、性暴力の被害の深刻さが可視化され、女性であることの生きづらさを多くの若い女性が抱えていることも浮き彫りになっています。当事者である女性が、政策決定過程にいよいよ不可欠な存在となっている、そのときに、こうしたジェンダー平等政策の議論を抜きにして、女性議員を大きく増やすことができるのでしょうか。

女性議員を増やすのはなぜか。ジェンダー平等政策を議論し、法制化し、実施するうえで、女性が当事者として意思決定の場に不可欠だからだと、大いに訴えていきたいと思います。

◆安倍政権を終わらせることは喫緊の課題

自民党の二〇一九年参議院選挙での女性の当選者数は、たった一〇人でした。「政党が男尊女卑であればそうなりますよね」と率直に思います。安倍政治を終わらせないと、議会のジェンダー平等はすすまない。ＩＰＵが呼びかけた「行動計画」と照らしても、これは明らかです。

ここにお持ちしましたのは、二〇一九年の参議院選挙直前に行われたWPL（女性政治指導者）サミットで、参加者全員に配布された日本の総理大臣のあいさつです。WPLは、サミット開催国で行われ、女性の政治家や経済界のリーダーが集まって、さまざまなテーマでの議論を行うのです。

安倍総理のあいさつとして配布された一枚の文書、何と半分は自分の写真です。残りの半分に何が書かれているかと言いますと——こんなものが参加者全員に配られたかと思うと日本の恥だと思うのですが——、アベノミクスで女性の就業率が増えました、とアベノミクスを自慢し、上から目線で、今後もっと女性の活躍を期待しますというものです。WPLの大きな目的の一つは、議会での女性の役割をいかに強めるかということなのに、自民党の女性議員の比率はどうなっているのか、その反省はひとかけらもありません。

さらに、自民党女性局がどんな政策をかかげているか、自民党のホームページを調べましたら、一番大きく掲げているのが「幸せのカタチ」という改憲パンフでした。憲法を変えましょうというパンフをわざわざ自民党女性局としてつくってアピールしているのです。このパンフのなかに女性の問題があるのかと見てみると、世界では憲法を変えて同性婚を認めた国もありますよ、などと書いてあります。しかし日本でなぜ改憲するのかについては、「自衛隊の立場を明らかにし」とか「緊急事態条項を」など、自民党が掲げていることだけであって、ジェンダーの視点はまったくありません。

女性をただ利用しているだけの政党と思えてなりません。女性をみずからの宣伝のために利用したり、男性に言わせることのできない差別的な発言や右翼的な発言を女性議員に言わせたりする、こういう安倍政権を終わらせ、まともにジェンダー平等の議論ができる国会をぜひともつくっていきたい。この決意を申し上げて、私の報告を終わります。

討論　ジェンダー平等の実現をめざして

田村智子（以下、田村）　会場から、私たちパネラーにたくさん質問を出していただきました。報告が続きましたので、みなさんにパネラーを身近に感じていただける、ほっとする質問からはじめたいと思います。「日頃悩んでいるのですが、配偶者のことを外で何と呼んでいますか。また、何と呼ばれるとうれしいですか?」という質問がありますが、みなさんいかがですか?

浅倉むつ子（以下、浅倉）　私は、外では「夫」と呼びます。お互いは名前で呼びあっていますね。

戒能民江（以下、戒能）　この質問は配偶者がいることが前提になっていますね。私も「夫」です。呼ばれてうれしいのはとくにありません。

田村　私も「夫」と呼んでいます。私の夫は、近しい人たちとの会話では、「彼女が○○と言っている」など、私のことを「彼女」と呼んでいます。私が他の方にお聞きするときは、「あなたのパート

ナーさんは…」という聞き方をしています。「パートナーさん」という言い方が、私は好きですね。

戒能　世代が上だと「お連れ合い」と言いますよね。

浅倉　私も友人同士では、「あなたの夫は…」とか言っています。「夫さん」と言う人もいますね。

田村　「奥さん」というのは、カチンとくる場合がありますね。

1　男性をキーワードにジェンダーを考える

田村　男性をキーワードにした質問がたくさん寄せられています。「ジェンダー平等の立ち位置に立てるように、どう男性を育てていくか」という質問や、「いまのような男性に育てたのも女性だ」という意見もありました。他にも、「なぜ、男性の意識がこんなに遅れているのか。その根底をどうとらえればいいのか」「ジェンダー平等をすすめていく一番の支援者・支持者は男性だという側面も必要では」など、ほんとうに多角的に、男性をキーワードにした質問が寄せられました。いかがでしょうか？

戒能　難問ですね。「男を育てていくのが、どうして女なの？」という気もします。それこそ性別役割分担だと思います。

「男性の意識の遅れ」は、男性の努力だけの問題ではありません。今日はあまり話せませんでしたけれども、いま刑法の再改正にむけた運動が広がっています。二〇一七年に強姦罪の強制性交等罪への変更など、一一〇年ぶりに刑法が改正されましたが、「同意のない性行為をした加害者が処罰されない」など多くの課題が残り、性犯罪についての無罪判決も相次ぎました。それへの怒りと「三年後に必要があれば再改正する」という付帯決議を実現させるため、各地でフラワーデモが行われているわけです。

しかし、DVや性犯罪の問題をとりあげると、必ず「どっちもどっちだ」や「女の敵は女だ」という意見も出されます。性的な問題では特にそうですが、「男には本能があって、その本能を発揮させないように女のほうが注意しなければいけない」という意見も多く見られます。先ほどの「男が支える」という発想には、このような意識が前提にあるのではないかと思います。

裁判官も同様です。公的な領域では「男女平等でなくてはならない」と言っていても、暴力やセクシャリティなどプライベートな問題では、裁判官自身の価値観が判決の土台になってしまうことがあります。

二〇一四年の東京都議会で、妊娠や出産に悩む女性への支援策について質問をしていた女性議員に、男性議員からセクシュアル・ハラスメント的なヤジが飛ぶという問題がありました。公の場において、あのような発言が出てきてしまうのが日本社会の現状です。

公的な場における私的な領域についての発言で、男性が問われることがほとんどありません。ですから、積極的にそういうことをやっていいとは思っていないし、言わないけれども、このような発想・考え方が男性の中で許容されてしまっている。そして、それが「男らしさ」だと思ってしまう。この点を、どうやって変えていくべきかを考えています。

浅倉　「公私分離」というものが、法の世界でも日常生活でも暗黙の合意になってきました。法学の分野では、以前は「公」の問題しか議論されませんでした。「私」の分野はせいぜい家族法くらいで、これは法学者が生涯をかける問題ではないなどと言われることもありました。ジェンダーの問題は、法の世界では、そんなとらえ方をされていたと思います。

ですが、法の世界においてジェンダーの問題はとても重要です。私たちは、それを大学では学べなかったけれども、教育と研究を深めることが重要と考えて、二〇〇三年一二月、戒能さんや友人たちと一緒に「ジェンダー法学会」を立ち上げました。

私は、二〇〇四年から早稲田大学のロースクールで、ジェンダー法を教えました。ロースクールは約七割が男性なので、ジェンダー法でも男性の受講者が五割くらいはいます。当初は「なんで男がジェンダー法を学ばなければいけないのか」と抵抗していた学生もいましたが、最近では、「ジェンダーの問題は、将来実務家になるためには不可欠だ」と認識して受講する学生も増えてきたと感じています。

加えて、ジェンダーの問題が、じつは男性の問題でもあるという認識が高まってきているとも感じます。たとえば労働分野では男性に過労死が非常に多いのです。もちろん女性に過労死が登場したらすごい社会問題になりましたが、それは反面、男性の過労死がさほど騒がれないという問題性ももっています。なぜ、男性が、しかも若い男性が過労死するのだろうかという問題は長時間労働の問題であると同時に、「男らしさ」「男が家族を養わないといけない」などの性別役割分業の問題です。したがって「男性がジェンダーにとらわれている」という問題が底流にあることに気づきはじめたと思います。

また、たとえば遺族年金の問題も、ジェンダーにとって重要です。労働災害で被保険者が死亡すれば、被扶養者であった配偶者は遺族年金を受給することになります。しかし被扶養者が女性である場合には年齢制限はありませんが、男性の場合には、六〇歳以上でないと遺族年金は支給されません。これは明らかな法制度的な男女差別ではないでしょうか。これが差別であるとして、最高裁まで争ったケースがありましたが、認められませんでした。

これは、遺族年金の受給に関して男性が差別されているという問題であると同時に、じつは「働き続けても、扶養している夫には遺族年金を残せない」という女性の問題でもあるのです。ジェンダー平等の問題は、男女双方の問題であり、男女がともに解決しなければならない課題であるということが、わかります。このような問題があることが、法学の分野でも、最近、ようやく理解されてきたのではないかと思います。

田村　たとえば、育児・家事をまったくしたことがない男性は、突然、「ジェンダー平等だから、あなたもごはんつくりなさいよ」と言われても厳しいかもしれません。しかし、若い人を見ると、家庭科が男女共修になる（中学校一九九三年、高校一九九四年）など教育が少しずつ変わってくるなかで、意識も変化してきているのではないかと感じます。

ただ、それを待っているだけでは、ジェンダー問題についての意識の遅れはなかなか克服できません。私たち日本共産党も、今年一月の党大会で党綱領にジェンダー平等を位置づけるとともに、「まず意識の遅れを自覚しよう」と呼びかけました。明治以降、歴史的につくられてきた男の役割、女の役割というものが、私たちの意識の中には刷り込まれています。そのことを自覚して、「どのように行動するか」「どのような意識を持つか」を考えることが、男女ともに求められていると感じます。

幸いにして私の夫は、学生生協で調理の仕事をしていた経験があり、揚げ物をふくめて、私より上手です。まずそういう能力を身につけることも必要ではないかと思います。

2　ジェンダー平等を職場の中に実現させていくためには

田村　次のテーマは、浅倉先生も報告された働く現場の問題です。どうやって男女の賃金格差をなくしていくか、ジェンダー平等を職場の中にどう実現していくかという現実的な課題があります。

中小・小規模経営で働いている方から、「非正規雇用でも専門的な知識を求められて、実際には正規雇用と同じように働いている。だけどたいへんな賃金格差がある。どうしたら変えられるのか」という質問や、「女性が多い職種（介護や看護、保育など）での賃金問題、男女の賃金格差を具体的にどうやって解決していくのか」という質問がありました。

浅倉　ほんとうにこれは大きな悩みです。日本の場合、おそらく中小企業でも、一応、賃金表があるところでは――成果給などが導入されているところもありますが――、職能資格給になっている企業が非常に多いと思います。職能資格給は、労働者を「職務遂行能力」といったものでランク（等級）付けをし、それに応じて処遇を行う制度です。そのため、労働者は何年間かはあるランクにとどまり、その後、査定によって次のランクに上がることになります。

このしくみでは、報告で紹介した中国電力事件のように、男性の上司が査定する場合に、「あいつは家族がいるから引き上げてやろう」「こちらは女だから、まあいいか」などの見えない差別意識、まさにジェンダー意識が反映することもあります。人間の内面は見ることができないし、本人にも差別という意識がなく無意識に行っているため、これを差別だと立証することがものすごく難しいのです。

私たちは、研究をつづけた結果、「職務比較・職務評価を導入しよう」という運動をはじめました。私たちが「職務評価」という場合には、ＩＬＯ（国際労働機関）が提唱する「得点要素法」の導入を考えています。つまり、男性の職務と女性の職務を、（一）「知識・技能」（二）「責任」（三）「負担」（四）「労働環境」という四つの要素にもとづいて、職務を点数化して評価するものです。

職務を点数化して、もし男性の職務と女性の職務が同等程度である場合には、それにもかかわらず賃金の差異が大きいとき、団体交渉などの場で「この賃金制度はおかしい」という主張をしていくことが大事ではないかと思います。二〇一〇年には、この問題の専門家である昭和女子大の森ます美さんと一緒に、『同一価値労働同一賃金原則の実施システム――公平な賃金の実現に向けて』(有斐閣)という本も出しました。

「職務評価」は、なかなか難しいですが、やっていく必要があると思います。他の国では何年もかけてこういうとりくみをして、女性のやっている仕事――とりわけ介護職や看護職などのようにケアの仕事――の価値が、社会的にはもっと高いはずだということを明らかにしてきました。

仕事の価値を知ることによって、みずからの賃金の低さに気づくことができます。そのことによってはじめて、賃金差別の問題としてとりくむことができるのではないかと思います。

たしかにこの問題は、法制度さえ変えれば一挙にすすむという問題ではありません。日本には、「使用者は、労働者が女性であることを理由として、賃金について、男性と差別的取扱いをしてはならない」という労働基準法第四条の規定が以前からありました。それにもかかわらず、男女にはこれほど大きな賃金格差が生じてきたのです。

もちろん、男女賃金差別の訴訟を提起することも必要です。と同時に、迂遠のように見えるかもしれないけれども、職務評価を運動化したいとも考えています。女性が圧倒的に多い職場では、ぜひ労働組合や女性団体が提唱して、女性の職務とされてきた仕事の価値の再評価にとりくんでほしいと思います。

戒能　私は、労働法の専門ではありませんが、私のかかわるところでは婦人相談員という職種があります。婦人相談員は全国で一五〇〇人ほどいらっしゃいますが、その八割が非正規雇用です。

相談員は地方公務員の行政職ですが、最近の行政の著しい傾向として、たとえば、図書館、ハローワーク、相談員、男女共同参画センターの職員など、まさに住民サービスの分野での非正規化がすすんでいます。

二〇一七年に、地方公務員法と地方自治法が改定され、今年の四月から自治体の非正規職員に「会計年度任用職員」制度が導入されることになりました。

会計年度任用職員は、一般職地方公務員であり、地方公務員法で規定された公務上の義務・規律、人事評価が適用されます。フルタイムとパートタイムがあり、「期末手当を支給することができる」となっていますが、多くの自治体で、「一時金を出す代わりに毎月の賃金を下げる」という動きもあり、結局賃金は同じか、あるいは減るという状況が予想されます。

たとえば婦人相談員の場合、いままでは「特別職非常勤」という扱いでしたが、この規定が「学識・経験ある人」と厳格になり、パートタイム・一年更新になります。そうなると給与も上がらないし、格差はますます広がることになります。

二〇一九年九月、この問題で集会を開きましたら、全国からたくさんの相談員など非正規公務員が参加してくれました。住民の非常に身近にあるケアワークが、女性の労働としていかに低められているかが語られました。支援やサービスなど大事な仕事であるにもかかわらず、社会的な評価が低く、これが彼女たちの賃金の低さにつながっているのではないかと思います。

しかし、現在の状況では、人間らしく生きていけない、暮らしていけないわけです。ダブルワーク、トリプルワークといくつもの仕事を掛け持ちしないと、とても子どもを育てられないわけです。ここを変えていきたいですね。

自治体などは財政難で「もうお金は出せない」ということかもしれませんが、そういう仕事は、実は専門性が必要なものばかりです。先ほどの同一価値労働同一賃金により社会的評価を変え、正当な対価としていくことが日本社会の大きな課題ではないかと思います。

田村　いま、非正規雇用が増えていて、男女の賃金格差なのか、正規・非正規の賃金格差なのかが見えにくくなってきていますね。

しかし実態としては、女性の非正規、しかも専門職の非正規雇用が増えています。私は、「なぜ、期限を定めた雇用なのか」「なぜ非正規雇用でなければいけないのか」という入り口規制の問題を、あらためてジェンダー平等の視点から問い直す必要があると考えています。

加えて、総合職・一般職などの管理区分の問題もあります。一般職には女性が多くいますが、「残業が少ないから」「単身赴任がないから」など、未来の職務を理由として、いまの賃金の差をつけるというやり方がどうなのかという問題もあると思います。これを法的に規制するのは難しいと思いますが、問い直すことが必要なのではないかと、お二人の発言を聞いて思いました。

法律については、できるところから、私たちも挑戦していきますので、いろんなご意見、ご提案をいただければと思います。

じつは、政府は、いまだかつて「男女賃金格差是正」という言葉で、政策を提示したことがありません。「女性の活躍」とは言いますが、男女の賃金格差是正が政策目標となり、それそのものが政策となったことはないようです。この点も含めて、私たちも今後の国会論戦で、突破口を探しながらがんばっていきたいと思っています。

浅倉　ＩＬＯ一〇〇号条約は「同一価値の労働についての男女労働者に対する同一報酬に関する条約」です。文字どおり男女の同一価値労働同一賃金を実現する条約で、日本はこれを一九六七年に批准しています。

しかし、条約を批准したときに労働基準法第四条は改正されませんでした。政府は、「労基法四条で賃金の性差別を禁止していれば、ＩＬＯ一〇〇号条約も批准できる」という解釈でやってきたわけです。でも女性たちは、「こんなにひどい賃金格差があるのだから、第四条だけでは不十分だ」と運動にとりくみ、判例もたくさん積み重ねてきました。

運動のスローガンとして使われていた「同一価値労働同一賃金」は、男女間の賃金格差を問題にしていました。ところが安倍政権は、男女間の格差の問題を、正規・非正規の格差問題にすり替えて、「同一労働同一賃金」を言いはじめました。では、男女間の同一価値労働同一賃金の問題はどうなったのかといえば、これはまだまだ解決されていません。とてもおかしいと思います。

非正規労働問題と同時に、今後は、男女間の同一価値労働同一賃金をどうやって実現していくのかという議論も、ぜひはじめてもらいたいと思います。田村さん、がんばってください。

田村　スポーツ選手など年俸制で働く方たちの中でも、男女の差があるという指摘もありますね。スポーツ界のみなさんともいろいろ議論していきたいと思います。

3　支援が必要な人たちに何ができるか

田村　次のテーマに移りたいと思います。「ジェンダー平等がすすんでいると言われる北欧諸国でもDVは深刻だと聞いていて意外に思うのですが」とのご意見がありました。戒能さん、いかがでしょうか？

戒能　たぶん、世界中どの国でもDVはあると考えたほうがいいと思います。それはどんな組織にもハラスメントがあるのと同じです。社会的関係だけでなく、家族や個人の私的関係でも権力構造があるからです。

むしろ北欧諸国は、他の国々よりも早く、一九七〇年代後半ぐらいからこの問題にとりくんでいます。スウェーデンでは、「DVを早く発見して被害者を保護する」「加害者に対しても早く対応する」ことが大事だと考えて、一九九七年に刑法を改正し、女性の平和侵害罪、安寧侵害罪をつくりました。これはかなり有効に働いています。このように北欧諸国は、さまざまな施策を先駆的にとりくんでいます。

東アジア諸国をみると、韓国や台湾などはこの問題に積極的にとりくんでいます。しかし日本は、すべてにおいて、ジェンダーの問題ではグローバルスタンダードからあまりにもかけ離れています。

あるいは、無視をしているのではないかとも思います。

田村　もう一つ、戒能さんに「支援が必要な女性たちに、自分たちは何ができるでしょうか」というご質問があります。

戒能　「支援の必要な女性たちに何ができるか」という点では、民間の団体ががんばってやっています。しかし、民間のシェルター数は全国で一〇〇もありませんし、地域的にもかたよりがあります。いま民間の団体は、大きく言って二つの問題を抱えています。一つはお金がない。もう一つは運営されている方々がだんだん年をとるなかで、若い世代に運動を引き継げていないということです。つぶれていくところもいっぱいあります。

ですから、もし民間団体が近くにあるようでしたら、支援をしていただきたいと思います。「何ができますか」とお聞きになっていただければ、寄付やお洋服の提供、子どもたちの勉強の相手など、援助ができることはたくさんあると思います。

でも一番は、支援が必要な女性が身近にいらっしゃったら、その方を偏見なしに、そのままに受けとめていただきたい。そして、その方が「話をしたい」ということであれば、聞いていただきたい。そして、「こういうところに相談できますよ」と、情報を提供していただければいいかなと思います。支援が必要な方を、専門家にきちんとつなげていくことが大事です。

4 ジェンダー平等に向けて女性が担う役割は?

田村 ほんとうにたくさんの質問をいただきましたが、時間が迫ってまいりました。「ジェンダー平等に向けて女性が担う役割は?」といったご質問もありますので、こういった点にも触れながら、最後に、一言ずつお願いします。

浅倉 みなさんとの議論、たいへん参考になりました。

いま私が許しがたいと思っているのは、日本国憲法をめぐる動きについてです。二〇一五年に強行採決された安保法制(安全保障関連法)も許しがたいのですが、この違憲の安保法制を「追認する」かたちで、日本国憲法を変えてしまおうというねらいが登場しているからです。

戒能さんが報告の最後に「DV国家」と言われました。いま政権についている人たちがやっているのは、まさに「力ずくの政治」であり「暴力の政治」です。私たちが大切にして、積み重ねてきたルールをまったく無視しながら、政権が持続していること自体がものすごくおかしいと思います。

日本国憲法九条(平和主義、武力の放棄)、一三条(個人の尊重、幸福追求権)、二四条(両性の平等)などは、私たちの人生にいろいろなかたちでプラスに影響してきたのではないでしょうか。いま、このことを自分なりの言葉にして、多くの人に伝えることが大事だと思います。

私たちは「宝物」をあまり持っていませんが、日本国憲法こそ私たちの「宝物」です。この「宝物」を、自分たちの言葉によって、他の国の人たちにも伝えていく。それが世界平和につながっていくのだと思います。

ジェンダー平等の実現にむけて話し合う中で、そんなことを考えました。本日はありがとうございました。

戒能　今日はこういう機会をいただき、ほんとうにうれしく思いました。さまざまなことを学ばせていただきました。明日から、またがんばろうと思います。

いま浅倉さんが言われたことは本当にそのとおりだと思います。田村さんの報告で「安倍政治を終わらせることは喫緊の課題」とありましたが、今日参加されている方の多くが、あるいはほとんどが、そう思われているのではないかと思います。

私は、政治の問題が非常に大きいと思います。女性の政治家があまりにも少なすぎます。たとえば二〇〇一年に成立したＤＶ防止法（配偶者からの暴力の防止及び被害者の保護等に関する法律）は、女性の政治家がいたからこそつくることのできた法律です。それ以前は、とてもあのような法律ができるとは想像もできませんでしたし、無理だろうと思っていました。しかし、超党派の女性議員が共闘することによってＤＶ防止法は生まれました。

一つの法律ができ、その問題をとりくむなかで、性暴力の問題、ストーカーの問題、子どもの性虐待の問題などが次々に明らかになり、これらの問題にとりくむ人たちが現れてきました。すそ野が広がっていると言えると思います。

先ほどフラワーデモの話を少ししましたが、東京の場合は、毎月東京駅の丸の内口の外で開催しています。「夜七時くらいはうす暗いので顔も見えにくいだろう」と、拡声器で大きな声を出すようなことはせずにやっていますが、そこに、いままでそういう問題に関心を持たなかった若い男性が参加してきています。少しずつですが、裁判を傍聴したり、集会に出たりというかたちで、世の中は変わっていくのではないかと思います。

しかし大事なのは、いま憲法が危機であるということです。この認識を私たちはもっと持たなければいけませんし、広めていかなければいけません。そのためにはまず、女性の政治家が増え――「LGBTは生産性がない」などと言う女性議員もいますので、女性の政治家であればいいというわけではありませんが――、量的に転換しないといけない。そうでなければ社会の質的な転換にはつながらないと思います。

私も、私の立場でできることを、これからもやっていきたいと思います。今日はどうもありがとうございました。

田村　私自身たいへん勉強になりました。ありがとうございました。

ジェンダー平等を、他の野党のみなさんと熱い共通の思いにしていく、そのために何ができるのか。これを政治の課題として感じています。

私が、スイッチが入って本気になったのは、「夫婦同姓の強制は憲法違反ではない」「男女平等に反していない」という最高裁の判決が出たとき（二〇一五年）です。

「法制度上は女性の姓にしても、男性の姓にしてもいいのだから、男女平等ですよ」と言われても、

「いやいや違いますよ」と。これは「女性として生きてきたからわかる問題だ」と強く思いました。

私が結婚するころ、両親は私が共産党の活動をすることをよく思っていなくて、「荒れてすさんだ生活をしているんじゃないか」と遠く離れた長野県で不安に思っていたようです。だから「そういう智子が結婚できるんだ」「どうやらたくさんの人がお祝いしてくれるようだ」と両親はすごく安心したようです。そんなときに、「私は自分の姓を名のって、相手に変えてもらいます」とは到底言えませんでした。それには説明が必要だからです。

じつは私自身も、こういう話し合いをパートナーとはしていませんでした。そういう話題を持ち出せないまま結婚したことは、お互いに古いジェンダーの意識が染みついていたということですし、自分の弱さでもあったと思います。しかし、たとえ持ち出せたとしても、せっかく安心している両親を、また不安に陥らせることをためらったと思います。男性だったら迷わない、男性は、結婚後に自分の姓を選択する説明を求められません。これこそ男女不平等じゃないかとスイッチが入りました。

女性として人生を生きてきた、あるいはＬＧＢＴとしての人生を生きてきた人たちが、判事として、議員として発言する。そうした問題意識を政策につなげていく。このことが絶対に必要ではないかと、遅ればせながら本気になりました。

こういう思いをもっている女性議員は野党だけではなく、与党の中にもいると思います。しかし与党のみなさんはなかなか言うことができない。この課題をまずは野党の中で熱い思いにして、言葉にするのが当たり前だという国会をぜひつくっていきたいと思います。

いただいた質問の中には、私に対するものがいくつかありました。「共産党の中でもっと上を目指せ」というご意見もありました。

私は、今年一月の党大会において、女性としてはじめて党の政策委員長になりました。この点では、日本共産党も立ち遅れていたのではないかと思います。なるにあたっては、思い切りというか、覚悟が必要でした。「いまに甘んじる生き方をしてはいけない」と突きつけられたように感じました。「長」がつくポストに就くには、自己決断がないと責任と役割を果たすことができません。「いまの到達点でできますよ」ということではなく、「自己改革をしながら、役割を果たしてほしい」というメッセージでもあると受け止めました。

私は「お茶の間に政治を」「台所に政治を」を合言葉にしてきました。これは私が、女性の政治家として歩んできた特徴であると感じています。なにか難しいことを議論するのが政策という分野ではなく、「こんなに身近なこと、こんなに当たり前のことが政策なんだ、政治なんだ」と伝えることが、自分を活かせる点かもしれないと思いました。

もう一つ、なぜ思い切れたかというと、一人ではないからです。日本共産党の政策委員会には、男女問わず、優秀なスタッフが大勢います。そういうみなさんや、他の議員のみなさんに依拠し、学びながら、やっていけばいいと思いました。

このように考えられるのは、育児の経験があったからかもしれません。育児は一人ではできませんから、たくさんの人に「お願いね」と言いながらやってきました。だからこういう決断もできたのではないかと感じています。

ジェンダー平等社会は、このように、たくさんの人たちの力を活かしていく社会だと思います。「共生社会」という言葉が言われてきましたが、これは共に生きるだけではなく、共に力を出しあい、協力しあうということがなければ、実現しない社会です。それは男性も、女性も、ＬＧＢＴの方々も、みんなが生きやすい社会であるはずです。すべての人の力が発揮されれば、経済も含めて、もっと成長していく社会になると思います。

ジェンダー平等というと、とりわけ男性のみなさんは「我慢しなければいけない」「発言に気をつけないといけない」「委縮しないといけない」となるかもしれませんが、それは違うと思います。自己研鑽をしながら、それぞれの力を活かし、お互いをリスペクトする社会は、男性にとっても、女性にとっても生きやすい、よりよい社会だという認識をもちながら、一緒に努力をしていきたいと思います。

喫緊の課題は、安倍政権を倒すことですが、この点では男女問わず、「そうだ」となっていると思います。この課題で野党の連帯をつくりながら、すすめていきたいと思います。今日は、風の強い中、多くの方に集まっていただき、ありがとうございました。

閉会のあいさつ

政治革新めざすオール早稲田の会　小林　和

本日はご参会いただき、ありがとうございました。コロナ禍という状況に抗して、たくさんの方に集まっていただきました。

私、東京・日野市に住んでおりまして、「ジェンダー平等」問題に接近するきっかけは、七《なな》生《お》養護学校事件でした。知的障害を持つ子どもたちに性教育を行うという実践に対して、都議会自民党の古賀俊昭議員が「とんでもないことをしている、『家族・私有財産・国家の起源』でエンゲルスは、共産主義革命の手段として性教育があるといっている」「男らしさ、女らしさを否定するのか」といいました。この本にはそんなことは書いてありません。

しかし、こんな暴論が功を奏しまして、同校と全都の性教育はつぶされました。七生養護学校の教員と保護者が損害賠償請求裁判を起こし、八年かけて、都議の違法、都教委の違法を認めさせました。確定判決は、教育委員会は不当な介入から教育を守る義務がある、としました。

私のジェンダー平等問題へのアプローチは、このことを契機にしておりますので、性による差別とは何か、性とは一体何なんだという問題意識を持ちながら、考えてきたわけです。

ジェンダーをめぐっては、一人ひとりの意識の問題、社会の問題、政治の問題、すべてにわたって、考えられないといけない。そのことが世の中の幸せと一人ひとりの幸せにつながっていくというつながりも併せて考えていく事が課題だと思います。

最近ショックだったことは、二〇一九年の一二月にアウシュヴィッツ・ビルケナウ基金創立10周年記念式典で、ドイツのメルケル首相が行った演説に、「ナチスが抹殺したかったのはユダヤ人、障がい者、そして男性の同性愛者」という言葉がありました。古くて新しい問題だということです。ＳｏーＧｉ（性的指向・性自認）問題もジェンダー平等のテーマとして、今後も考えていきたいと思います。

オール早稲田の会の催しにこんなにたくさんの方がお越しくださり、重ねてお礼申し上げます。お気をつけてお帰りください。

（こばやし・やまと）

【著者】
浅倉 むつ子（あさくら・むつこ）
早稲田大学名誉教授

戒能 民江（かいのう・たみえ）
お茶の水女子大学名誉教授

田村 智子（たむら・ともこ）
日本共産党副委員長・参議院議員

【編者】
政治革新めざすオール早稲田の会
1960年代在学から現役生まで、半世紀以上に渡り、早稲田大学で学び時々のさまざまな課題に青春のエネルギーを燃やしてきた者たちで構成されている。政治革新めざす国会議員、地方議員の激励・支援、さまざまな分野で活動している早稲田関係者を招いての多様な企画を実施。基地建設に抗する沖縄県民連帯、被災地福島支援、キューバ視察ツアーも企画。

ジェンダー平等の実現めざして

2020年８月１日　初　版　　定価はカバーに表示

著者　浅倉むつ子／戒能民江／田村智子
編者　政治革新めざすオール早稲田の会

発行所　学習の友社
〒113-0034東京都文京区湯島2-4-4
TEL 03-5842-5641　FAX 03-5842-5645　tomo@gakusyu.gr.jp
郵便振替00100-6-179157
印刷所　光陽メディア

ISBN978-4-7617-0723-1　C0036